맛있다 제주!

맛있다 제주

초판 1쇄 발행 2015년 7월 25일
초판 3쇄 발행 2016년 5월 15일

지은이 | 최갑수

발행인 | 윤재훈 · 최세규
편집인 | 박운미
편집장 | 류현아
편 집 | 김준영
디자인 | 서영석 · 박종건
마케팅 | 김찬완 · 전진형 · 이선유

펴낸 곳 | ㈜알피코프
출판등록 | 제2012-000067호(2012년 2월 21일)
주 소 | 서울 강남구 삼성동 163-3
문 의 | 02-550-8228
팩 스 | 02-550-8057
블로그 | the_denstory.blog.me

ISBN 979-11-85716-25-1 13980
값 13,000원

이 책은 저작권법에 의해 보호받는 저작물이므로 무단 전재와 무단 복제를 금지하며
이 책 내용의 전부 또는 일부를 인용하거나 발췌하려면 반드시 저작권자와 ㈜알피코프의
서면 동의를 받아야 합니다.

Denstory는 ㈜알피코프의 출판 브랜드입니다.
파본이나 잘못된 책은 구입하신 곳에서 바꿔드립니다.

이 도서의 국립중앙도서관 출판예정도서목록(CIP)은 서지정보유통지원시스템
홈페이지(http://seoji.nl.go.kr)와 국가자료공동목록시스템(http://www.nl.go.kr/kolisnet)에서
이용하실 수 있습니다. (CIP제어번호 : 2015018325)

여행작가 최갑수가 직접 먹고 고른
진짜 제주 맛집 79

Denstory

prologue

여행이 좋다, 제주라서 더 좋다

일 년에 서너 차례 제주를 찾는다. 그때마다 제주는 다른 모습을 보여 준다. 푸른 바다, 신비로운 숲, 고요하고 아득한 중산간의 풍경, 소박해서 정겨운 마을……. 제주의 길을 걸으며 위로받고, 제주의 바람을 맞으며 생기를 되찾곤 한다.

그리고 제주의 음식들. 제주의 밀과 당근, 톳과 성게로 만든 따뜻하고 다정한 음식들을 먹으며 왜 이 섬을 이토록 사랑할 수밖에 없는지 새삼 깨닫는다. 그동안 제주를 여행하고, 제주를 맛보며, 제주에 대한 애정이 더욱 깊어졌다.

이 책에 소개한 식당들은 제주를 찾을 때마다 들렀던 곳이다. 수저를 들고 직접 맛본 집들이다. 다양하고 독특한 제주의 식재료를 이용해 맛있는 음식을 만들어 주는 식당들이다. 입맛이란 게 저마다의 기준이 있어 사람마다 좋아하는 음식이 다 다르지만, 그래도 이 책에 실린 식당들은 한 번쯤 문을 열고 들어가 먹어 볼 만하다. 제주도의 비밀스럽고 맛있는 식당과 달콤한 디저트 카페를 귀띔해 준 '빵요정' 김혜준 양에게 감사드린다.

십여 년을 여행작가로 일하며 깨달은 사실은 '여행은 먹는 게 반이다'라는 것이다. 잘 먹고 잘 노는 것. 그게 바로 진짜 여행이다. 제주에 가서 잘 먹고 잘 노는 데 이 책이 조금이라도 도움이 된다면 좋겠다. 친구, 연인, 가족, 아이들 그 누구와도 좋지만 때론 혼자만의 제주도 좋다. 제주 여행에 정답은 없다.

2015년 7월
최갑수

Contents

prologue_여행이 좋다, 제주라서 더 좋다 004

Part. 1

제주 속 진짜 제주를 만나다
제주시

01	얼큰하고 시원한 동태찌개 | **슬기식당**	014
02	제주에서 손님이 가장 많은 흑돼지구이 전문점 | **늘봄흑돼지**	016
03	정직하고 고집스러운 빵집 | **보엠**	018
04	천연 발효종을 이용해 만든 맛있는 빵 | **르 에스까르고**	020
05	정성이 듬뿍 들어간 시원하고 칼칼한 제주의 국 | **정성듬뿍제주국**	022
06	쫀득한 따치회 어때요? | **백선횟집**	024
07	걸쭉하고 구수한 고사리 육개장 | **우진해장국**	026
08	빵 마니아라면 반할 공간 | **메종 드 쁘띠 푸르**	028
09	달콤 쌉싸름한 디저트의 유혹 | **블리케이크**	030
10	현지인들이 애지중지하는 횟집 | **모살물**	032
11	제주 재료로 만든 최고급 스시 | **스시 호시카이**	036
12	한라산을 닮은 시원한 한라산빙수 | **닐모리동동**	040
13	구수하면서도 담백한 꿩메밀국수 | **골목식당**	042
14	접작뼈국을 아시나요? | **자연몸국**	044
15	진한 육수와 굵은 중면이 어우러진 고기국수 | **골막식당**	046
16	누구나 좋아할 맛의 고기국수 | **삼대국수회관**	050
17	제주 바다가 통째로 들어간 각재기국 | **돌하르방식당**	052
18	멸치 육수 맛이 진한 고기국수 | **파도식당**	054
19	얼큰하고 매콤한 제주식 순대국밥 | **장춘식당**	056

여행작가가 추천하는 바로 그곳 058
이호테우해변 | 제주도립미술관 | 국립제주박물관 | 아라리오뮤지엄
동문재래시장 | 절물자연휴양림 | 노루생태관찰원 | 삼양검은모래해변

🍵 Part. 2

낭만 제주를 맛보다
서북부

20	'마스터셰프 코리아' 우승자의 솜씨	**아루요**	068
21	제주 스타일의 캐주얼 레스토랑	**르 씨엘 비**	072
22	나만 알고 싶은 횟집	**동귀어촌계횟집**	076
23	제주 보리와 쑥을 담은 웰빙 빵	**숙이네 보리빵**	078
24	젊은 요리사들이 선보이는 신선한 제주의 맛	**제주 슬로비**	080
25	제주 방목 한우의 고소한 맛	**도치돌가든**	084
26	포구 옆 운치 있는 일본식 술집	**닻**	086
27	쫄깃한 수타 우동과 바삭한 돈가스	**수우동**	088
28	전분 공장에서 앤티크 카페로 변신	**앤트러사이트**	090
29	30여 가지의 부요리와 함께 먹는 고등어회	**사형제횟집**	094
30	이제껏 맛보지 못한 당근의 매력	**하우스레서피 당근케이크**	096
31	달콤 짭조름한 우럭조림	**한림바다체험마을**	098
32	아늑한 분위기에서 즐기는 커피 한 잔	**최마담네 빵다방**	100
33	수육과 만두의 오묘한 조화	**면 뽑는 선생 만두 빚는 아내**	102
34	금능해변에 자리한 느낌 좋은 카페	**그곳**	104
35	육즙 가득한 흑돼지 돈가스	**데미안**	108

여행작가가 추천하는 바로 그곳 112
한담해안산책로 | 제주현대미술관 | 환상숲 | 하귀-애월해안도로 | 금악오름
이시돌목장 테쉬폰 | 저지오름 | 하가리 더럭분교 | 제주승마공원

🍵 Part. 3

제주를 좀 아는 당신을 위한
서남부

36 ∞ 가장 제주스러운 음식 보말칼국수 | **옥돔식당**	122
37 ∞ 매콤달콤한 갈치조림 한 상 | **부두식당**	124
38 ∞ 가슴속까지 시원해지는 맛 | **산방식당**	126
39 ∞ 얼큰하고 칼칼한 갈치조림 한 냄비 | **덕승식당**	128
40 ∞ 싱싱한 해산물이 가득한 전복해물전골 | **산방산초가집**	130
41 ∞ 제대로 맛보는 두툼한 목살구이 | **산골숯불왕소금구이**	132
42 ∞ 커다란 새우튀김이 압권인 튀김우동 | **비오토피아 레스토랑**	136
43 ∞ 속이 확 풀리는 보말수제비 | **용왕난드르 향토음식**	140
44 ∞ 대한민국 최남단 로스터리 카페 | **스테이위드커피**	142

여행작가가 추천하는 바로 그곳 144
본태박물관 | 방주교회 | 화순곶자왈 | 형제섬과 송악산 | 군산오름 | 가파도
마라도 | 이니스프리 제주하우스 | 중문 주상절리 | 추사 유배지

Part. 4

또 다른 제주의 매력
서귀포시

45	믿고 먹는 싱싱한 자연산 활어회 | **혁이네수산**	154
46	달콤하고 부드러운 양과자점 | **마마롱**	158
47	향긋한 오분자기 돌솥밥 | **가람돌솥밥**	160
48	게 한 마리가 통째로 든 짬뽕 | **덕성원**	162
49	서귀포를 대표하는 밀면 집 | **관촌밀면**	164
50	육지에서는 맛볼 수 없는 갈칫국 | **네거리식당**	166
51	서귀포 고기국수의 지존 | **국수와의 미팅**	168
52	한 번 먹고 나면 잊을 수 없는 김밥 | **오는정김밥**	170
53	서귀포 시민들이 사랑하는 해장국 | **대도식당**	172
54	강릉 테라로사의 명성과 맛 그대로 | **테라로사**	174
55	제주도 치킨의 지존 | **하효통닭**	176
56	푸짐한 자연산 회 한 상 | **오늘은 회**	178

여행작가가 추천하는 바로 그곳 180
이중섭거리 ｜ 쇠소깍 ｜ 서귀포 매일올레시장 ｜ 올레 7코스 ｜ 돈내코

Part. 5

제주가 처음인 당신을 위한
동북부

57	에메랄드빛 제주 바다를 내 품에 | **월정리LOWA**	188
58	제주산 재료로 만든 맛있는 카레 | **톰톰카레**	192
59	제주 동쪽 끝, 숨은 듯 자리한 다정한 레스토랑 | **이스트엔드**	196
60	해녀들이 직접 잡은 싱싱한 해산물과 전복죽 | **좀녀네집**	198
61	제주에서의 달콤한 시간 | **미엘 드 세화**	200
62	우리가 아는 회국수의 원조 | **동복리해녀촌**	202
63	푸짐하고 진한 닭칼국수 | **교래손칼국수**	204
64	얼큰하고 시원한 선지해장국 | **순풍해장국**	206

여행작가가 추천하는 바로 그곳 208
사려니숲길 | 김녕-월정지질트레일 | 비자림 | 다랑쉬오름 | 교래자연휴양림
용눈이오름 | 산굼부리 | 에코랜드 | 지미오름

Part. 6

유유자적 즐기는 숨은 제주
동남부

65	매콤새콤한 물회 한 그릇 | **공천포식당**	218
66	속이 확 풀리는 옥돔국 | **무뚱식도락**	220
67	마음까지 편안해지는 제주 집밥 | **공새미59**	222
68	감귤밭 사이에 자리한 운치 있는 카페 | **와랑와랑**	226
69	매콤달콤한 갈치조림의 지존 | **맛나식당**	228
70	게맛이 고스란히 담겨 있는 겡이죽 한 그릇 | **섭지해녀의집**	230
71	신선한 고등어회 한 접시 | **남양수산**	232
72	육회에서 곰탕까지 제대로 맛보는 말고기 한 상 | **청정제주마장**	234
73	제주에서 가장 맛있는 크렘 당주 | **마고**	236
74	3,000원의 소박한 행복 한 그릇 | **춘자멸치국수**	240
75	속을 풀어 주는 옥돔지리 | **표선어촌횟집**	242
76	천연 효모로 만든 우리밀 빵 | **시간더하기**	244
77	무한 리필 돼지고기 두루치기의 매력 | **광동식당**	246
78	맛있는 흑돼지 두루치기 한판 | **명문사거리식당**	248
79	운이 좋아야 맛볼 수 있는 돼지 갈빗살 | **나목도식당**	250

여행작가가 추천하는 바로 그곳 252
올레 1코스 | 조랑말체험공원 | 광치기해변 | 아쿠아플라넷 | 남원큰엉
김영갑갤러리 두모악 | 우도 | 따라비오름

제주 여행을 위한 알짜배기 Tip 7 260
INDEX 262

Part. 1

제주 속 진짜 제주를 만나다
제주시

건입동 | 노형동 | 삼도동 | 아라동 | 연동
오라동 | 이도동 | 일도동

01

슬기식당

얼큰하고 시원한 동태찌개

add. 제주시 건입동 674-25 : tel. 064-757-3290
open. 10:00~14:00, 일요일 휴무 : menu. 동태찌개 7,000원
tip. 식당 안에 들어가서 주문부터 하고, 번호를 받은 다음 줄을 서야 한다.
늦어도 오후 1시 30분까지 도착해야 한다.

'슬기식당'은 제주 도민들 사이에서 동태찌개 하나는 최고라고 인정받는 집이다. 건입동은 제주 시내에서도 변두리에 위치해 유동인구가 비교적 적은 편이지만 이 집 앞은 예외다. 문을 열기 전부터 사람들이 늘어선다.

식당은 크지 않다. 입구에 들어서면 왼쪽으로 주방이 보이고, 가스레인지 위에 동태찌개가 담긴 뚝배기 여러 개가 보글보글 끓고 있다. 동태찌개 대표 맛집답게 메뉴는 동태찌개 단 한 가지로 매운맛과 안 매운맛이 있다.

매운맛 동태찌개는 칼칼한 맛이 제대로다. 큼직하고 실한 동태와 알이 듬뿍 들어가 있다. 속이 확 풀리는 느낌이다. 맵지 않은 동태찌개는 고춧가루와 후추가 전혀 들어가지 않아 담백하고 개운하다. 깻잎절임, 김치 등 밑반찬은 소박하지만 하나같이 맛깔스럽다.

1991년 문을 열었을 당시에는 청국장, 북엇국, 김치찌개 등도 팔았지만 지난 2010년부터 동태찌개 하나만 팔고 있다. 문을 열기 전에 가거나 차라리 오후 1시 넘어서 가는 게 좋다. ▲

테이블이 예닐곱 개 정도 되고, 안쪽에 앉을 수 있는 테이블이 있다.

02

늘봄흑돼지

제주에서 손님이 가장 많은
흑돼지구이 전문점

add. 제주시 노형동 2343-3 tel. 064-744-9001 open. 11:00~24:00
menu. 삼겹살·목살 각 1만 5,000원(180g), 김치전골 3만~4만원, 우거지탕 6,000원,
tip. 예약 필수. 점심 메뉴로 오모가리 김치찜, 쌈밥정식, 돈가스 등이 있어 식사하기도 좋다.

돼지고기나 회가 먹고 싶을 때는 장사가 잘되는 식당에 가는 것이 좋다. 재료 회전율이 빨라 신선한 고기와 생선을 먹을 수 있기 때문이다.

'늘봄흑돼지'는 제주도에서 알아주는 흑돼지 맛집으로, 남원읍 한라산 자락에서 자란 재래 흑돼지만을 사용한다. 건물 안에 에스컬레이터까지 설치된 대형 식당이다. 관광객도 많이 찾지만 제주 도민들도 엄지손가락을 세우는 곳이다. 택시 기사들에게 흑돼지 맛집을 물어보면 "우리도 거기 가서 먹어요." 하면서 으레 이 집을 가르쳐 준다.

촘촘하게 칼집을 낸 두툼한 흑돼지를 참숯에 구워 육질은 탄력 있고, 육즙은 고소하다. 숯불 위에서 소금을 뿌려가며 굽는 흑돼지의 맛은 담백하고 고소하며 쫄깃하다. 백김치, 꽃게장, 김치, 야채무침, 무쌈, 샐러드 등 깔끔한 밑반찬이 따라 나와 식사로도 충분하다. 구운 고기 한 점에 작은 생멸치젓과 된장, 마늘을 곁들이면 '제주 흑돼지의 참맛'이 이런 게 아닐까 싶다. 삼겹살, 목살, 생갈비 외에도 샤부샤부까지 다양한 메뉴가 있다. ▲

내부가 넓고 쾌적해 아이들과 함께 오기에 좋고, 종업원들이 고기를 구워 줘서 먹기 편하다.

03

보엠

정직하고 고집스러운 빵집

add. 제주시 노형동 731-2 · tel. 064-711-9990 · open. 10:00~20:00
menu. 토마토 에멘탈 4,000원, 백록담 시크릿 3,000원
tip. 제주공항과 가까워 여행 중 먹을 빵을 미리 사두는 것도 좋다.
페이스북에서 '보엠'을 검색해 보자.

최근 제주에 착한 빵집들이 잇따라 문을 열고 있고, 저마다 좋은 반응을 얻고 있다. 제주에서 재배한 밀을 사용하고, 천연 발효종을 이용해 빵을 만들기 때문이 아닐까 싶다. '보엠' 역시 이런 빵집이다. '나폴레옹제과점' 출신의 제빵사가 천연 발효종을 이용해 고집스럽고 정성스럽게 빵을 만든다. 국산 밀가루와 제주 밀, 캐나다산 유기농 밀, 독일산 호밀 등을 조합해서 사용하며 화학첨가물은 일절 사용하지 않는다.

빵 종류로는 블랙 올리브, 치아바타, 브리오슈, 바게트, 천연 버터 프레첼, 토마토 에멘탈, 스콘, 캄파뉴 등이 있다. '백록담 시크릿'은 부드러운 발효 빵 안에 매콤한 소스의 감자를 용암처럼 넣은 것으로 보엠에서만 맛볼 수 있는 메뉴다. 제주도 현무암을 이용해 만든 진열장도 눈길을 끈다.

아파트 단지 입구에 자리하고 있어 아침이면 지역 주민들이 빵을 사기 위해 몰려든다. 빵 나오는 시간이 문 앞에 적혀 있고, 테이크아웃만 가능하다. ▲

현무암으로 만든 진열장에는 갓 구워져 나온 빵들이 가득하다.

르 에스까르고

천연 발효종을 이용해 만든
맛있는 빵

add. 제주시 노형동 1291-24 : tel. 064-748-0095
open. 11:00~20:00 : menu. 치아바타·파네토네 2,000~5,000원
tip. 오후 2시면 빵이 다 팔리기도 한다. 가기 전에 전화 문의 필수.

식기류는 천연 효소 발효액인 EM으로 세척한다.

'르 에스까르고'는 최근 제주에 생긴 빵집 가운데 가장 맛있다고 소문난 곳이다. 서울 '나폴레옹제과점'과 '르 알래스카', 그리고 제주도의 '어머니빵집'에서 빵을 배운 제빵사 고용준 씨가 문을 열었다.

이 집은 인스턴트 드라이이스트 대신 시간이 걸리는 천연 발효종과 발효 버터만을 사용해 빵을 만든다. 제주 밀도 직접 재배해 사용한다. 천연 발효종 빵이라 많이 먹어도 속이 편하다.

메뉴는 포카치아, 치아바타, 파네토네 등이 있다. 제주 통밀을 이용한 발아통밀캄파뉴는 그램(g) 단위로 판매한다. 1/2 조각이나 1/4 조각으로 주문하면 된다. 좀 더 거칠고 딱딱한 빵을 먹고 싶다면 통밀블루를 추천한다. 초코식빵도 인기 메뉴다. 부드러운 식빵 안에 초콜릿이 박혀 있어 아이들이 특히 좋아한다.

가게 내부는 5~6명이 들어가면 꽉 찰 정도로 좁다. 빵집 맞은편에 빨간 컨테이너를 사용한 카페를 함께 운영하고 있어 커피와 함께 빵을 먹으며 휴식을 취할 수 있다. 르 에스까르고는 '달팽이'를 뜻하는 프랑스어다. ▲

정성듬뿍제주국

정성이 듬뿍 들어간 시원하고
칼칼한 제주의 국

add. 제주시 삼도2동 1069-2 ㅣ tel. 064-755-9388 ㅣ open. 10:00~15:00 · 17:30~21:00, 일요일 휴무
menu. 각재기국 · 장대국 · 멜국 7,000원, 멜튀김 1만 5,000원
tip. 간단히 식사하기도 좋지만 서너 명이면 더 푸짐하게 음식을 맛볼 수 있다.

바삭바삭하면서도 고소한 멜튀김. 함께 나오는 장에 찍어 배추 잎에 싸서 먹으면 달짝지근하면서도 짭조름한 맛이 입 안에 자르르 퍼진다.

제주 시내 북초등학교 주변에 자리한 '정성듬뿍제주국'은 각재기국, 장대국 등으로 지역 주민들 사이에 특히 이름난 곳이다. '각재기'는 전갱이, '장대'는 양태를 일컫는 제주 사투리다.

오전에 이 집을 찾으면 손님들 대부분은 홀로 식사를 하고 있는데, 한눈에 봐도 현지인임이 분명하다. 주인장과 나누는 대화를 들어보면, 대개가 알아들을 수 없는 제주 사투리다.

각재기국은 제주 도민들이 가장 많이 먹는 생선국이다. 전갱이야 낚시꾼들에게는 천대받는 생선이지만 뚝배기 속에 들어가면 대접이 달라진다. 전갱이 한 마리를 풍덩 빠트린 다음 배추 잎을 넣고 된장을 풀어 뚝배기에 끓여 내는데, 전갱이의 적당한 기름기와 배추의 달짝지근함이 어우러져 시원하면서도 정갈한 맛을 낸다. 아침 속풀이용으로도 제격이다.

커다란 장대 한 마리와 채 썬 무를 듬뿍 넣고 바글바글 끓인 국물을 한 숟가락 떠 입에 넣으면 '시원하다'라는 말이 절로 나온다. 흰 살 생선으로 끓인 국인 만큼 담백하면서도 감칠맛이 끝내준다. 된장뚝배기, 멜(멸치)튀김, 갈칫국, 몸국도 맛볼 수 있다. ▲

백선횟집

쫀득한 따치회 어때요?

add. 제주시 삼도1동 584-22 / tel. 064-751-0033 / open. 17:00~23:30, 명절 휴무
menu. 생선회 4만원(소), 5만원(중), 6만원(대)
tip. 오후 5시에 문을 열자마자 금세 자리가 차기 때문에 서둘러 가야 한다.

'백선횟집'은 예전부터 현지인들에게 유명한 횟집이다. 최근에는 관광객들도 알음알음 찾지만 여전히 현지인 비율이 월등히 높은 곳이다. 이런 제주 횟집들의 특징은 특정 식재료로 전문화되어 메뉴가 간단하다는 것이다. 객주리(쥐치)회, 고등어회, 장어회 등으로 특화된 식당들은 대부분 현지인들이 찾는 맛집이다.

백선횟집은 따치회를 전문적으로 내는 곳이다. 따치는 '따돔'이라고도 부르는데, 독가시치를 일컫는다. 등과 배에 독가시가 있어 찔리면 꽤나 고생한다.

메뉴판에 적힌 회 종류는 간단하다. 소·중·대 크기별로 4만~6만원. 그리고 주류가 전부다. 성인 2명이면 작은 것 하나만 시켜도 넉넉하게 먹을 수 있다. 회가 나오기 전 부요리로 채소와 광어회 등이 나온다. 따치 회는 두툼하고 큼직하게 썰어져 나와 씹는 맛이 좋다. 쌉싸름하면서도 독특한 맛이 난다. 독가시치회 외에도 쥐치와 광어, 밀치 등 제철 생선들이 좋다. 단, 겨울철에는 따치가 잘 잡히지 않으므로 따치를 맛보고 싶다면 미리 문의하고 찾는 것이 좋다. ▲

초장이나 간장보다는 제주도 특산인 멜젓에 찍어 먹으면 훨씬 맛있다.

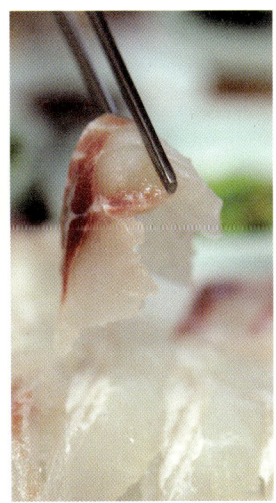

07

우진해장국

걸쭉하고 구수한 고사리 육개장

add. 제주시 삼도2동 831 : tel. 064-757-3393
open. 05:30~24:00, 첫째·셋째 화요일에는 야간에 문을 닫는다.
menu. 고사리 육개장·사골 해장국 7,000원
tip. 식당 바로 앞에 있는 공영주차장의 주차권을 받을 수 있다.

고사리 육개장은 보기에도 걸쭉하고 구수해 한 끼 식사로 최고다.

 4~5월이면 제주도 오름에는 고사리가 지천이다. 일명 '고사리꾼'들이 중산간 지역 곳곳에서 고사리를 캔다. 먹고살기 힘들었던 시절에는 '고사리 많이 나는 곳은 며느리에게도 안 가르쳐 준다'는 말이 있을 정도였다. 맛있게 무친 고사리는 고기반찬과도 안 바꾼다며 큰소리치기도 한다. 그만큼 고사리가 많고, 맛있다는 뜻이다.
 제주 사람들은 이 고사리를 뜯어 육개장을 끓인다. 고사리를 삶아 형태가 남아 있지 않을 만큼 으깬 다음, 돼지 등뼈를 삶은 육수에 찢은 고기와 함께 넣고 푹 끓인다. 그리고 여기에 메밀가루를 풀어 넣는다. 그러면 일반적인 육개장과는 전혀 다른 걸쭉한 육개장이 탄생한다. 맛은 육지에서 먹는 육개장과는 확연히 다르다. 매콤하고 칼칼한 대신 걸쭉하고 구수하다. 고사리 특유의 향과 돼지고기의 고소한 맛이 절묘하게 어우러진다. 밥 한 공기를 말아 먹으면 하루 종일 배가 든든하다. 제주 시내에 자리한 '우진해장국'은 고사리 육개장을 제대로 하는 집이다. 반찬으로 나오는 김치와 젓갈도 고사리 육개장과 딱 어울린다. ▲

메종 드 쁘띠 푸르

빵 마니아라면 반할 공간

add. 제주시 아라2동 3001-19 · tel. 064-702-0919
open. 07:30~23:00, 일요일 휴무 : menu. 각종 빵, 케이크, 쿠키 4,000원부터
tip. 후문에 승용차 3~4대 정도 주차 가능한 공간이 있다.

최근 「식신로드」 제주도 편에 소개되기도 했으며, 가수 이효리가 자주 찾는 빵집으로도 유명하다.

'메종 드 쁘띠 푸르'는 프랑스어로 '오븐이 있는 옛날 시골집'이란 뜻으로 동경제과학교 출신의 파티시에가 운영하는 베이커리 겸 카페다. 빵집 이름은 프랑스풍이지만 빵은 일본 스타일이다.

문을 열고 들어서면 자몽 타르트를 비롯한 다양한 타르트와 파운드케이크, 브리오슈 등이 가득 진열된 쇼케이스가 눈에 들어온다. 파이와 쿠키 종류도 다양하고 치아바타, 식빵 등 식사용 빵과 수제 잼도 있어 보기만 해도 허기가 진다. 쇼케이스 뒤로 주방이 오픈되어 있어 파티시에들이 빵을 만드는 모습을 구경하는 즐거움도 느낄 수 있다.

가장 인기가 좋은 빵은 과하지 않은 향이 좋은 '얼그레이 홍차 브레드'로 빵 속에는 진득하고 촉촉한 밀크티 잼이 들어 있다.

아메리카노는 일본 커피 브랜드 UCC 커피를 사용한다. 커피의 쓴맛이 달콤한 이곳의 빵과 은근히 잘 어울린다. 맛있는 케이크나 파이 한 조각을 앞에 두고 즐거운 휴식을 즐기기 좋다. 빵 마니아라면 꼭 한번 들러보자. 절대 실망하지 않을 것이다. ▲

09

블리케이크

달콤 쌉싸름한
디저트의 유혹

add. 제주시 아라2동 3002-12 : tel. 010-8296-0419
open. 11:00~22:00, 일요일 휴무
menu. 쑥 쇼콜라 6,000원, 제주 당근 케이크 6,500원, 제주 베리 타르트 6,500원
tip. 조각 케이크만 판매하며, 홀사이즈 케이크는 이틀 전에 주문해야 한다.

혼자 또는 두 명씩 와 편안하게 시간을 보내는 손님이 많아 테이블 수를 더 늘리지 않는다고 한다.

'블리케이크'는 제주에서 난 재료를 이용해 케이크를 만든다. 유기농 밀가루와 유기농 설탕, 동물성 생크림만 사용한다고 한다. 특히 '쑥 쇼콜라'가 압권이다. 달콤한 화이트 초콜릿 케이크에 쌉싸름한 쑥향이 깊게 박혀 있다. 달지 않아 많이 먹어도 질리지 않는다. 녹차 크레이프와 제주 당근 케이크도 추천한다. 녹차 크레이프는 겹겹의 크레이프가 층을 이루고 있어 먹을 때마다 신선한 녹차 맛이 느껴진다. 제주 당근과 호두가 콕콕 박힌 당근 케이크도 고소하다.

'블리롱'이라고 이름 붙은 마카롱도 인기다. '곽지바다롱', '동백롱', '제주베리롱', '우도땅콩롱', '한라봉롱', '가파도청보리롱', '유채롱' 등 제주의 아름다운 색감을 담은 7개의 마카롱은 각각 피스타치오, 블루베리, 로즈메리, 애플망고 등의 맛을 낸다.

제주공항에서 20분 거리라 여행을 마치고 돌아갈 때 선물용으로 사 가기에도 좋다. 하지만 저녁에 가면 쇼케이스가 텅텅 비어 있으니 늦지 않게 찾는 것이 좋다. ▲

10

모살물

현지인들이 애지중지하는 횟집

add. 제주시 연동 291-10 : tel. 064-713-0309 : open. 17:00~01:00
menu. 객주리회·조림 2만원(소), 3만원(대)
tip. 오후 6시 이후에는 사람이 많으니 일찍 가는 것이 좋다. 주차는 동네 골목에 요령껏!

제주시 연동 골목길에 자리한 '모살물'은 제주 도민과 근처의 직장인들로 붐비는 곳이다. 오후 6시에 가도 기다려야 할 정도로 인기가 높다. 그 이유를 증명하기라도 하듯 입구에 놓인 수조에는 참돔이며, 벵에돔, 황돔, 광어가 가득 들어차 있다. 제주를 좀 다녀본 여행자들만 알음알음 다녀갈 뿐 아직 관광객들에게는 알려지지 않았다.

모살물의 주메뉴는 객주리회다. 객주리는 쥐치, 엄밀하게 말하자면 말쥐치인데 제주에서는 '객주리'라고 부른다. 모슬포나 서귀포의 식당에 가면 벽에 '객주리조림'이라고 쓰여 있는데 이는 쥐치조림을 말한다. 우리가 먹는 쥐포를 말쥐치로 만드는데 요즘은 많이 잡히지 않아 주로 동남아산을 수입해 만든다.

가격은 요즘 말로 '착하다'. 회는 한치, 우럭, 따치, 붕장어, 어랭이, 모둠, 세꼬시가 있는데 작은 접시가 2만원(2인분), 큰 접시가 3만원이다. 객주리회 큰 접시를 주문하면 주인이 수조에서 바로 고기를 잡아 회를 뜬다.

수조에는 갓 잡아 온 객주리가 가득하다.

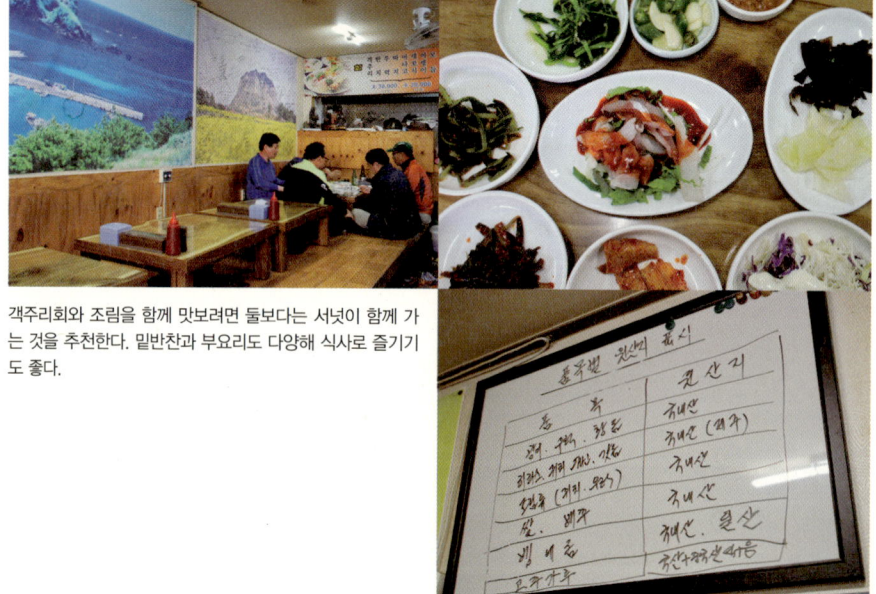

객주리회와 조림을 함께 맛보려면 둘보다는 서넛이 함께 가는 것을 추천한다. 밑반찬과 부요리도 다양해 식사로 즐기기도 좋다.

부요리로 나오는 갈치회와 광어회.

회를 뜨는 사이 부요리가 나오는데 구성이 만만치 않다. 갈치회와 광어회 약간이 나오는데 신선하다. 대충 올려주는 수준이 아니다. 붕장어 무침도 맛있다. 고소하면서도 씹는 맛이 살아 있다. 회무침, 미역, 다시마, 겉절이 등이 푸짐하게 상 위에 오른다. 부요리로 올라오는 회는 철마다 다른데, 어떤 때에는 숙성시킨 우럭과 뱅에돔이 나오기도 한다.

메인 메뉴인 객주리회는 특히 훌륭하다. 얇고 널찍하게 잘 썰어서 먹기 좋다. 둘이서 먹기에도 남는 양이다. '3만원짜리 회를 시킨 게 맞나?' 싶을 정도로 푸짐하다. 제주 시내나 중문 근처의 관광객을 상대로 하는 횟집에서 이렇게 먹으려면 이 값의 대여섯 배는 치러야 한다.

객주리회는 식감으로 먹는 회다. 쫄깃하면서도 씹을수록 입 안을 맴도는 꼬들꼬들함은 타의 추종을 불허하지만 살 맛은 약간 싱거운 편이다. 좋게 말하면 담백하다고도 할 수 있다. 돔이나 광어처럼 단맛이 도는 회를 좋아하는 이라면 그렇게 맛있다고 할 만한 맛은 아니다.

이런 까닭에 객주리회는 진한 양념이 어울린다. 고추냉이 간장도 어울리고, 된장이나 초장을 듬뿍 발라 먹는 것이 바로 객주리회다. 서너 시간 숙성시키면 감칠맛이 더 올라와서 좋지만, 제주야 원래 갓 잡은 활어회에 후한 점수를 주는 곳이고 현지인들을 대상으로 하는 집이다 보니 그것까지 기대하기는 힘들다.

객주리조림도 맛있다. 두툼한 살점의 객주리와 함께 무와 감자가 너너하게 들어 있다. 약간 달면서도 매콤해 회 접시를 비우고 난 후 밥과 함께 먹기에 좋다. 물론 소주 안주로도 그만이다. ▲

11

스시 호시카이

제주 재료로 만든
최고급 스시

add. 제주시 오라2동 959-1 · tel. 064-713-8838 · open. 12:00~15:00 · 18:00~22:00
menu. 점심 단품 1만 8,000~3만 5,000원, 점심 스시 코스 3만 8,000원~,
점심 오마카세 8만~11만원, 스시 코스 4만 8,000원 · 5만 8,000원, 사시미 코스 6만 8,000원,
저녁 오마카세 14만~17만원 · tip. 예약 필수

'스시 호시카이'의 임덕현 조리장은 만화 『미스터 초밥왕』에도 등장한 스시 명장 안효주 사장의 사사를 받았다.

제주를 취재하며 생선국이며 조림, 회, 물회 등 제주의 신선한 생선으로 만든 다양한 요리를 맛보았지만 언젠가부터 '스시는 어떨까?' 궁금해지기 시작했다. 제주에는 왜 그럴듯한 초밥집이 없을까 궁금해하다가 제주시 오라동에 '스시 호시카이'가 문을 열었다는 사실을 알게 됐다.

맛있는 초밥을 먹을 수 있는 방법은 사실 간단하다. 비싼 집으로 가면 된다. 초밥만큼 '싼 게 비지떡'이란 말이 적용되는 음식이 없다. 재료의 질, 요리사의 실력, 그리고 식당의 분위기가 철저하게 어울려야 하는 스시야말로 투자하는 만큼 만족감을 느낄 수 있기 때문이다.

스시 호시카이는 어디에 내놓아도 빠지지 않는 정통 초밥집이다. 문을 열고 들어서면 동양적 분위기가 물씬 풍기는 공간이 펼쳐진다. 최고급 편백나무로 만든 스시 바, 검은 현무암으로 장식한 레스토랑 내부는 은은하고 편안한 분위기를 연출한다.

스시 호시카이를 책임지는 임덕현 조리장은 제주 출신이다. 일본 최고의 조리 전문학교를 졸업하고, 10여 년간 동경의 유명 초밥집에서 실력을 쌓았다. 그리고 고향으로 돌아와 제주의 맑은 바다에서 건져 올린 싱싱한 재료를 사용해 최고의 초밥을 만들고 있다.

스시 호시카이의 모든 재료는 매일 아침 임덕현 조리장이 동문 재래시장에서 직접 선별한다. 그리고 초밥의 생선 부분인 '네타'는 최소 하루 이상 숙성시켜 감칠맛을 극대화한다. 물론 각 어종에 따라 숙성 포인트도 다르다.

생선 못지않게 신경 쓰는 부분은 초밥에 있어 가장 중요한 식초다. 스시 호시카이는 10년 이상 장기 숙성시킨 '아카스(적초)'만을 사용하는데, 이는 일본에서도 최고급 초밥집에서만 사용하는 것이다. 그래서 '샤리'라고 불리는 초밥의 밥 부분이 짙은 갈색을 띤다. 쌀은 해남 쌀만을 사용한다.

초밥은 한마디로 최고다. 제주도 내 최고급 호텔보다 더 뛰어

제주KBS 방송국 건너편에 위치한 최고급 정통 초밥집으로 모든 재료는 제주산만을 사용한다.

나다고 해도 무방할 정도다. 밥알 개수가 적어 한 입에 먹기에 좋고, 부드럽다. 초밥을 입에 넣고 씹었을 때 밥은 먼저 다 넘어가고 생선만 뒤에 남아 겉돌며 씹히면 안된다. 밥알과 생선이 입 안에서 함께 사라져야 하는데, 스시 호시카이의 초밥은 적당한 크기의 네타와 어울린다. 특히 금태, 옥돔 등 제주의 생선만으로 만든 초밥은 다른 곳에서는 경험할 수 없는 새로운 맛을 선사한다.

오직 천연 재료로만 맛을 낸 회덮밥, 붕장어 덮밥, 흑돈 스키야키 정식 등 단품 메뉴도 있어 식사를 즐기기에도 부담 없다. ▲

코스가 아니라면 편백나무로 만들어진 바에서 간단하게 식사를 즐기는 것도 좋다.

12

닐모리동동

한라산을 닮은 시원한
한라산빙수

add. 제주시 용담3동 2396 오다펜션 1층 : tel. 064-745-5008
open. 10:00~23:00(브런치 10:00~12:00)
menu. 솜사탕 아포가토 9,000원, 한라산빙수 1만 2,000원, 파스타 1만 5,000~1만 7,000원,
피자 1만 8,000~2만 1,000원 : tip. 용담해안도로변에 위치해 바다 산책을 즐기기에도 좋다.

구름 같은 솜사탕이 올려진 달콤 쌉싸름한 솜사탕 아포가토.

제주공항과 가까워 일명 '제주공항 맛집'으로 불리는 '닐모리동동'은 게임 회사인 넥슨에서 운영하고 있다. 문을 열고 들어가면 제주의 오름, 돌담, 초가의 형상을 닮은 모던하고 넓은 내부가 가슴을 시원하게 만든다.

이곳에서 가장 유명한 메뉴는 '한라산빙수'다. 커다란 그릇에 우유 빙수가 한라산처럼 가득 담겨 나오는데 수저로 '산 정상'을 한 번 누른 다음 홈을 파고, 그 위에 타피오카와 녹차 소스를 뿌려 주면 완성된다. 빙수의 모습이 화산이 터진 한라산 모습과 꼭 닮았다. 소스는 녹차와 에스프레소 중에서 선택할 수 있다.

에스프레소에 아이스크림, 커다란 솜사탕을 곁들여 먹는 솜사탕 아포가토도 사람들이 많이 찾는다. 파스타, 파에야, 스튜, 리소토, 피자 등의 식사와 맥주, 와인 등 주류도 갖추고 있다.

'닐모리동동'은 제주 사투리로 '내일모레'를 뜻하는 '닐모리'와 무언가를 기다리는 모습을 뜻하는 '동동'의 합성어다. ▲

골목식당

구수하면서도 담백한
꿩메밀국수

add. 제주시 이도1동 1347-1 ｜ tel. 064-757-4890 ｜ open. 11:00~20:00
menu. 꿩구이 · 꿩샤부 2만원, 꿩메밀국수 6,000원
tip. 꿩메밀국수는 양이 푸짐해 양이 적은 여성이라면 둘이서 나눠 먹기에도 충분하다.

동문재래시장 한편에 자리한 '골목식당'은 다른 곳에서는 먹기 힘든 꿩메밀국수를 맛볼 수 있는 곳이다. 40년째 같은 자리를 지키고 있는 내력이 꽤 오래된 식당이다. 외관은 평범하다. 언뜻 보기에는 동네 분식집처럼 보일 정도다. 실내도 작다. 4인용 테이블 4개가 전부다. 벽에 붙은 메뉴도 단출해서 꿩구이, 꿩샤부, 꿩메밀국수뿐이다.

꿩메밀국수를 시키니 양이 푸짐하다. 여성이라면 둘이서 나눠 먹어도 될 정도다. 먼저 국물을 맛본다. 꿩으로 우려낸 국물은 단순하면서도 정갈하다. 약간 밍밍하게 느껴지는 것은 자극적인 국물에 길들여진 탓일 게다. 몇 번 먹다 보면 구수한 맛이 입 속에 맴돌아 매력적이다.

메밀로만 만든 면발은 새끼손가락처럼 상당히 굵다. 젓가락으로 집기 힘들 정도로 툭툭 끊어져 숟가락으로 퍼먹는 것이 나을 정도다. 꿩메밀국수가 대중적인 음식은 아니지만 꿩의 담백함과 메밀 특유의 식감을 꼭 한번 경험해 보기를 추천한다. ▲

메밀로 만든 면발은 상당히 굵다. 푸짐하게 들어간 고기에서는 꿩 특유의 향이 난다.

자연몸국

접작뼈국을 아시나요?

add. 제주시 이도1동 1347-1 : tel. 064-725-0803
open. 08:00~22:00, 둘째·셋째 토요일 휴무
menu. 접작뼈국·몸국 6,000원
tip. 동문재래시장 근처에 위치한 공영주차장을 무료로 이용할 수 있다.

접작뼈국은 제주 사람도 잘 모르는 음식이다. 옛날에는 잔치가 있을 때 빠지지 않고 상에 올랐지만 지금은 재래시장이나 향토음식점에나 가야 맛볼 수 있는 음식이 됐다.

접작뼈는 돼지 앞다리뼈와 갈비뼈 사이의 부위를 일컫는다. 이 뼈다귀와 무를 넣어 국물을 내고, 메밀가루를 개어 먹는다. 쉽게 말하면 '메밀가루를 푼 돼지갈비탕'이라고 해도 되겠다.

'비리고 기름지지 않을까?'라는 생각에 살짝 주저하게 되지만 막상 먹으면 담백하면서도 감칠맛이 난다. 청양고추를 살짝 넣으면 매콤하면서 눅진한 맛을 더할 수 있다. 푸짐하게 들어 있는 뼈의 붙은 고기를 먼저 뜯어 먹고 밥을 말아 먹으면 배가 든든하다.

동문재래시장에 자리한 '자연몸국'은 제대로 된 접작뼈국으로 현지인들도 인정하는 집이다. 접작뼈국을 시키면 상추도 한 소쿠리 내주는데 뼈에 붙은 살코기를 밥과 함께 상추에 얹어 쌈을 싸 먹으면 맛있다. 몸국도 추천한다. ▲

동문재래시장 안에 있어 시장 구경 후 식사를 즐겨도 좋다. 모자반을 넣어 만든 몸국도 좋다.

골막식당

진한 육수와 굵은 중면이 어우러진
고기국수

add. 제주시 이도2동 362-1 ㅣ tel. 064-753-6949 ㅣ open. 07:00~19:00, 일요일 휴무
menu. 골막국수 5,000원, 곱빼기 6,000원
tip. 보통을 시켜도 배부를 만큼 양이 푸짐하다.

제주를 찾을 때마다 빼놓지 않고 먹는 음식이 바로 고기국수다. 취재차 제주를 찾을 때면 보통 오전 10시 즈음에 제주공항에 도착하는데, 이때 제일 먼저 찾아가는 곳이 바로 고기국수 집이다. 출출한 속을 달래는 데 고기국수만 한 것이 없을뿐더러, 진한 고기국수 국물을 한 모금 들이켜야 제주에 왔다는 사실을 실감할 수 있기 때문이다.

고기국수는 제주 아니면 맛볼 수 없는 제주만의 별미다. 서울에서도 '제주음식'이라는 간판을 단 곳에서 고기국수를 몇 번 맛보았지만 수긍할 만한 맛은 아니었다. 약간 과장해서 말하면 '이탈리아 로마에서 먹는 멸치국수'와 비슷하다고나 할까.

고기국수는 제주도에서 마을의 잔칫날에 먹던 향토음식이다. 이름 그대로 흑돼지를 고아낸 육수에 수육을 올려 만든 국수로 잔칫날 돼지를 한 마리 잡은 후 남은 뼈와 자투리 살을 처리하기 위해 만들어 먹던 것에서 시작되었다. 요즘 고기국수는 돼지머리와 살코기를 삶아 육수를 내고 거기에 건면을 넣어 만든다. 그

골막식당 외부 전경. 수수한 동네 식당의 모습이다.

골막식당의 고기국수는 다른 집에 비해 면이 유난히 굵다. 보통 고기국수 집에서 사용하는 중면보다 훨씬 두껍다. 물어 보니 국수 공장에 '골막식당용' 면을 따로 주문한다고 한다.

러니까 우리가 요즘 먹는 고기국수의 모양새는 1950년대 건면이 생산되기 시작하면서 만들어진 것이라고 봐도 무방하다.

제주도에는 수많은 고기국수 집이 있고 각 집마다 맛이 다르다. 어떤 집은 돼지 사골과 돼지머리를 함께 넣어 육수를 만들고, 어떤 집은 멸치 육수를 섞기도 한다. 또 어떤 집은 멸치국수에 김가루를 뿌리고 수육만 얹어 내기도 한다. 면의 굵기도 소면, 중면 등 제각각이다. 자매국수, 올레국수, 파도식당, 삼대국수회관 등 유명한 고기국수 집들은 저마다의 노하우와 스타일로 고기국수를 만들어 그들만의 단골들을 가지고 있다.

'골막식당'은 택시 기사의 소개로 알게 된 집이다. 제주공항에서 택시를 타고 '제일 잘하는 고기국수 집으로 가자'고 했는데, 대뜸 내려 준 곳이 바로 골막식당이었다. 오래된 외관도 외관인데다 문을 열고 들어갔을 때 관광객이 한 명도 보이지 않아 오히려 안심이 됐던 곳이다.

메뉴는 단출하다. 5,000원짜리 고기국수와 수육이 전부다. 곱빼기는 1,000원을 더 받는다. 김치와 함께 플라스틱 국수사발에 수북하게 담겨 나오는 고기국수는 보기에도 먹음직스럽다. 뽀얀 국물 속에 굵은 면이 담겨 있고 두툼한 돼지고기가 푸짐하게 올라온다.

육수는 담백하면서도 풍미가 짙다. 돼지 사골 국물 30%에 멸치 국물 70%를 섞어 만든다고 한다. 면 위에 푸짐하게 올라간 두툼한 돼지고기도 탄력 있다. 수육은 맛이 많이 모자라지는 않지만 그렇다고 감탄이 나올 정도는 아니다.

1958년 문을 열었는데, '골막'은 주인 신성조·김영자 씨 부부가 어릴 적 살던 마을의 이름이라고 한다. 제주시 택시 기사들이 가장 많이 추천하는 집이기도 하다. ▲

삼대국수회관

누구나 좋아할 맛의 고기국수

add. 제주시 일도2동 1045-12 ㅣ tel. 064-759-6644 ㅣ open. 09:00~06:00
menu. 고기국수·비빔국수 7,000원, 멸치국수 5,000원, 아강발 1만 5,000원, 돔베고기 2만원
tip. 건물 뒤편에 주차장이 있다.

삼대국수회관은 일도2동에 위치한 본점 외에도 노형점, 신제주점, 이도1동에 분점이 있다.

'골막식당' 고기국수의 맛이 무겁고 진하다면, '삼대국수회관'의 고기국수는 비교적 얌전하면서도 세련됐다. 이곳은 돼지 사골을 24시간 푹 고아 육수를 낸다. 그래서 국물 맛이 비리지 않고 담백하다. 고기국수를 처음 먹는 사람도 비교적 거부감 없이 먹을 수 있다. 고기국수가 입에 맞지 않는 사람은 멸치국수나 국밥을 주문해도 된다. 돼지고기 수육도 제주산 오겹살만을 사용한다. '국수문화의 거리' 식당 중 손님들이 가장 북적이는 곳이다.

반찬으로 나오는 마늘장아찌는 고기국수의 느끼한 맛을 싹 없애주고, 적당하게 잘 익은 배추김치와 깍두기도 국수 맛을 돋운다. 육지의 잔치국수나 칼국수의 반찬으로는 생김치가 제격이지만 고기국수에는 알맞게 잘 익은 김치가 어울린다는 게 주인의 설명이다. '돔베'는 도마를 일컫는 제주 방언으로, 보쌈고기를 도마 위에 올려내는 '돔베고기' 또한 촉촉하고 쫀득한 육질로 인기를 얻고 있다.

고기국수는 식당마다 다른 개성을 가지고 있다. 어느 집이 더 맛있다는 것은 주관적인 판단일 뿐이다. 각자 입맛에 맞는 곳을 찾아가면 된다. ▲

돌하르방식당

제주 바다가 통째로 들어간
각재기국

add. 제주시 일도2동 320-14 ː tel. 064-752-7580 ː open. 10:00~15:00, 일요일 휴무
menu. 각재기국 7,000원, 고등어구이 1만원
tip. 오전 11시만 넘어도 대기 줄이 길어 기본 30분을 기다릴 각오를 해야 한다.

'돌하르방식당'은 제주 도민들이 자주 찾는 맛집으로 시원한 각재기국을 맛볼 수 있는 곳이다. 최근에는 관광객들도 알음알음 찾는다. 제주 사투리로 '각재기'라고 불리는 전갱이는 고등어처럼 등 푸른 생선이다. '등 푸른 생선으로 국을 끓여 비린내가 나지 않을까?' 하는 걱정은 국물을 한 모금 떠먹는 순간 저 멀리 사라진다. 넉넉히 뜯어 넣은 배추에서 나오는 단맛과 심심한 된장 맛이 어우러져 개운하면서 담백한 국물 맛을 낸다.

뚝배기에 나오는 각재기국은 심심한 된장과 넉넉한 배추 잎, 살이 두툼한 각재기가 한데 어우러져 맛을 낸다. 각재기 살은 부드럽지만 부스러지지 않아 국물에 영향을 끼치지 않는다. 담백한 각재기 살은 자리젓에 무를 넣고 졸인 촐레에 찍어 먹으면 더 맛있다.

주문을 하면 생선 조림, 오징어 젓갈, 김치, 멜젓 등 기본 반찬이 먼저 깔리는데 어느 것 하나 빼놓을 것 없이 맛있다. 4인 이상이면 커다란 고등어구이를 서비스로 준다. 바삭하게 구운 고등어구이는 웬만한 식당의 그것보다 낫다. 오후 3시까지만 영업하니 참고하자. ▲

2인 손님들은 고등어구이 서비스를 먹고 싶어 합석을 자청하는 '잔머리'를 굴리기도 한단다.

18

파도식당

멸치 육수 맛이 진한
고기국수

add. 제주시 일도2동 1028-21 : tel. 064-753-3491
open. 11:00~04:00, 화요일 휴무
menu. 고기국수 5,000원, 멸치국수 4,500원
tip. 고기국수가 부담된다면 멸치국수를 먹어 보자.

'파도식당'은 제주 멸치국수의 최강자로 꼽히는 곳이다. 멸치를 넣고 오랜 시간 우린 진한 육수에 중면을 가득 담아내 준다. 면 위에는 김가루가 가득 뿌려져 있고, 편으로 썬 유부도 푸짐하게 얹혀 있다. 고춧가루와 잘게 썬 쪽파도 입맛을 돋운다.

이 집은 10년 전, 국수골목에 자리 잡고 있을 때만 해도 제주도 국숫집 중에 가장 인기 있는 집이었다. 하지만 지금의 자리로 옮기면서 손님이 다소 줄었다. 아무래도 여행객들이 국수거리에 있는 '자매국수'와 '올레국수'를 찾다 보니 이 집까지 오지는 않는 모양이다. 그래서 지금은 여행객보다는 지역 주민들에게 인기가 높다.

멸치 육수에 고기를 얹어 내는데, 다른 집과는 달리 담백하면서도 개운한 맛이 특징이다. 그래서 고기국수에 거부감을 갖고 있는 사람들도 충분히 먹을 수 있다. 국수와 함께 나오는 배추김치와 깍두기도 맛있다. 멸치국수든 고기국수든 한 그릇 말끔하게 비우고 나면 '역시 구관이 명관'이라는 말이 절로 떠오른다. ▲

진한 국물이 속풀이용으로 좋다. 새벽 4시까지 영업해 지역 주민들이 특히 좋아하는 곳이다.

장춘식당

얼큰하고 매콤한 제주식 순대국밥

add. 제주시 일도1동 1103-5 | tel. 064-757-2548
menu. 순대국밥 5,000원, 순대백반 6,000원 | open. 09:00~20:00
tip. 동문재래시장의 공영주차장을 이용하자. 주차료도 저렴하고 오후 6시 이후 출차하면 무료다.

동문재래시장은 '제주의 부엌'으로 불린다. 고기와 생선, 채소 등 제주에서 생산되는 모든 식재료가 모여 있기 때문이다. 사람들이 많이 몰려드는 곳이니만큼 서민들이 즐겨 찾는 칼국수와 김밥 집도 여럿 있다. 재래시장에서 빼놓을 수 없는 순대국밥 집도 여럿 있는데 그중 '광명식당'과 맞은편에 자리한 '장춘식당'이 유명하다.

돼지는 제주 사람들이 가장 아끼고 좋아하는 식재료다. 특히 잔치 때는 돼지 한 마리를 잡아 거의 모든 것을 상에 올렸다고 보면 된다. 살코기는 물론이고, 돼지 피와 내장도 알뜰하게 활용했다. 육지 사람들이 즐겨 먹는 순대도 좋아했다. 다만 방식이 약간 달라서 피와 메밀, 보릿가루 등을 넣고 제주식 전통 순대인 '수애'로 만들어 먹었다. 메밀과 보릿가루를 쓴 이유는 쌀이 귀한 탓이다.

동문재래시장에 자리한 '장춘식당'은 1979년부터 순댓국으로 40년을 이어 온 집이다. 찹쌀과 메밀, 갖가지 채소, 선지가 두둑하게 들어간 푸짐한 순대가 일품이다. ▲

아침 일찍부터 제주를 둘러볼 일정이라면 장춘식당에서 순대국밥 한 그릇으로 배를 채우고 하루를 시작하는 것도 좋다.

여행작가가 추천하는 바로 그곳
제주시

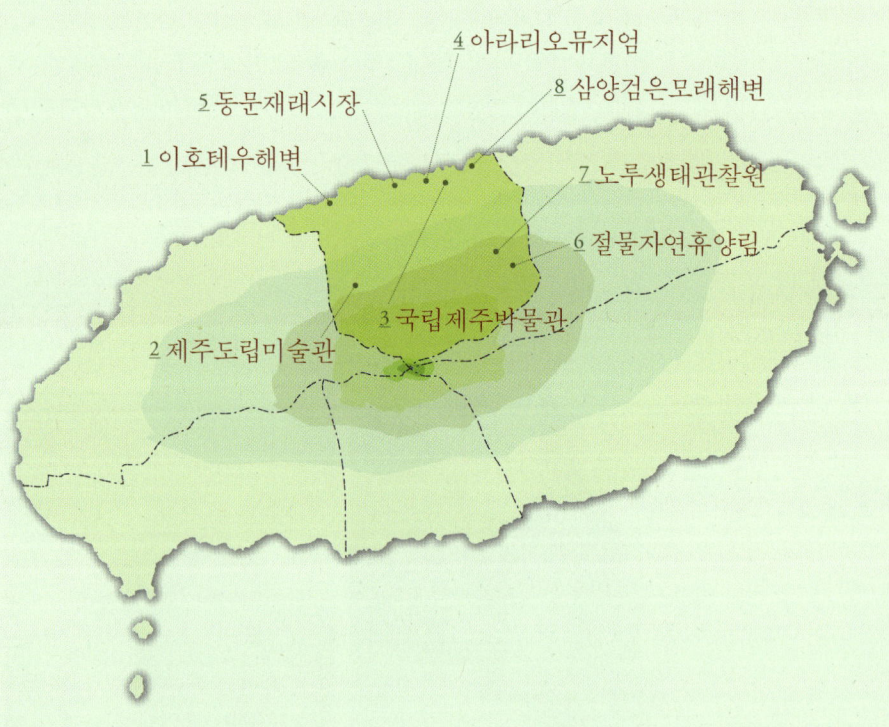

4 아라리오뮤지엄
5 동문재래시장
8 삼양검은모래해변
1 이호테우해변
7 노루생태관찰원
6 절물자연휴양림
3 국립제주박물관
2 제주도립미술관

목마등대가 서 있는 바다
1 이호테우해변

　제주 시내에서 서쪽으로 약 7km 지점에 있다. 용두암해안도로를 따라 서쪽으로 쭉 달려가면 만난다. 그다지 큰 해변은 아니지만 제주 시내에서 가까워 사람들이 많이 찾는다. 해변은 거무스름한 모래와 자갈로 이루어져 있는데 경사가 완만해 해수욕을 즐기기에도 좋다. 이호테우해변을 가장 돋보이게 만드는 것은 방파제 앞에 서 있는 빨간 목마등대와 흰 목마등대 한 쌍이다. 이 등대를 배경으로 붉게 물드는 노을이 아름다워 저녁 무렵이면 사람들이 하나둘씩 찾아든다. 제주 시내의 야경을 감상하고 밤 정취를 즐기기 위해 찾는 사람들도 적지 않다. '모살치'라는 물고기가 많은데 이를 낚기 위해 낚시를 하는 사람들도 많이 볼 수 있다. 해수욕장 뒤편에 자리한 울창한 솔숲에는 야영장 시설도 잘 갖춰져 있다. 해변 한편에는 제주의 전통 나무배인 '테우'와 돌담을 쌓아 밀물과 썰물을 이용해 고기를 잡던 전통 그물인 '원담'도 남아 있다. 이호테우해변에 있는 원담은 제주도 해안에 있는 원담 중에 그 규모가 가장 크다고 알려져 있다.

add. 제주시 이호1동 1600
tel. 064-728-4923

제주 자연을 담은 미술관
2 제주도립미술관

제주의 발전 과정을 한눈에
3 국립제주박물관

'신비의 도로'로 가는 산 중턱에 자리한 제주도립미술관은 커다란 반사연못과 공간을 잘 살린 웅장한 건축물, 주변의 넓은 잔디밭이 조화를 이뤄 감탄을 자아낸다. 날씨 좋은 날에는 깨끗한 하늘이 건물과 어울려 그림같은 풍경을 선사한다. 기획전시실, 상설전시실, 시민갤러리 등으로 나뉘어 있으며, 한국 화단의 거목인 장리석 화백의 기증품을 상설 전시하고 있다.

add. 제주시 연동 680-7 : tel. 065-710-4300
open. 09:00~18:00, 7~9월 ~20:00(월요일 휴관)
fee. 성인 1,000원, 청소년 500원

제주시 사라봉공원 인근에 자리하고 있다. 제주의 문화 형성 과정을 발전 단계별로 살펴볼 수 있도록 꾸몄다. 선사고대실, 탐라실, 조선시대실, 기증실, 기획전시실, 야외전시장 등으로 구성되어 있다. 특히 조선시대실이 흥미롭다. 제주목(濟州牧)을 비롯해 삼읍체제가 이루어지는 조선에서 근대까지의 제주 모습을 볼 수 있다. 제주 관련 서양 자료 등 관련 유물 350여 점과 하멜 표류와 관련된 유물도 시선을 끈다.

add. 제주시 건입동 261 : tel. 064-720-8000
open. 화~금요일 09:00~18:00
　　　주말 및 공휴일 ~19:00(월요일 휴관)
fee. 무료

핫 플레이스를 찾는다면
4 아라리오뮤지엄

제주의 부엌
5 동문재래시장

영화관을 개조한 '탑동시네마'는 커다란 공간을 활용해 아라리오 컬렉션에서 가장 거대한 작품들을 전시한다. 중국 작가 장환의 '영웅 2.0'은 길이 10m, 높이 5m에 이른다. '동문모텔'은 각 객실에 작은 영상작품을 하나씩 설치해 비디오방 느낌을 연출했다. 탑동시네마 바로 옆에 위치한 '탑동바이크샵'은 작가 개인전이나 특정 주제의 기획전을 위해 준비한 공간이다.

'제주의 부엌'으로 불리는 곳으로 제주 사람들의 생생한 삶을 만나고 느낄 수 있다. 좌판을 따라 고등어와 갈치, 전복 등 제주의 싱싱한 수산물을 파는 가게들이 늘어서 있다. 감귤과 한라봉 등 제주의 특산물도 저렴하게 살 수 있으며 칼국수, 몸국, 순대, 떡볶이 등을 파는 먹자골목을 거닐며 맛보는 일도 즐겁다. 인근에 공영주차장이 있어 주차가 가능하다.

add. 제주시 삼도2동 1261-8(탑동시네마)
tel. 064-720-8201 : open. 10:00~19:00
fee. 성인 1만원, 청소년 6,000원

add. 제주시 이도1동 1436-7
tel. 064-752-3001

제주의 숲을 느끼다
6 절물자연휴양림

　제주 최고의 녹색 쉼터로 전국의 자연휴양림 가운데 입장객 수가 가장 많은 곳이다. 300ha(천연림 100ha, 인공림 200ha)의 국유림에 40~45년 된 삼나무가 하늘을 찌를 듯 빽빽하게 들어서 있다.
　목재 데크로 탐방로가 조성되어 어린이와 노약자도 어려움 없이 산책할 수 있다. 3.6km 길이의 '생이소리길'은 제주어로 '아름다운 새소리를 들을 수 있는 길'이란 뜻. 걷다 보면 울창한 삼나무숲에서 쏟아지는 피톤치드가 몸과 마음을 맑게 만들어 준다. 11.1km 길이의 '장생의 숲길'에서는 화산섬 제주의 땅기운을 한껏 느낄 수 있다.

주종인 삼나무 이외에 소나무, 때죽나무, 산뽕나무 등이 어우러져 있다. 해발 697m 절물오름 정상까지 오르는 등산로는 1시간 정도면 왕복이 가능하다. 오름 정상에는 분화구 전망대가 있어 동쪽으로 성산일출봉, 서쪽으로는 제주에서 제일 큰 하천인 무수천, 북쪽으로는 제주시가 한눈에 보인다.

add. 제주시 봉개동 산78-1
tel. 064-721-7421
fee. 성인 1,000원, 청소년 600원

노루를 만나는 즐거움
7 노루생태관찰원

검은 모래의 해변을 걷다
8 삼양검은모래해변

절물자연휴양림 맞은편, 거친오름 기슭에 자리 잡은 노루 체험학습장이다. 한라산 노루 200여 마리가 서식하고 있으며, 방문객들이 노루를 관찰할 수 있도록 방목지 주변으로 관찰로가 조성되어 있다. 노루의 생활상과 제주의 자연 생태를 한눈에 볼 수 있는 전시관 등도 돌아볼 만하다. 노루에게 직접 먹이를 주며 교감을 할 수 있어 어린이들이 특히 좋아한다.

제주 시내에서 아주 가까운 해변이다. 이름 그대로 해변에는 검은색의 모래가 깔려 있다. 모래에 철분이 많이 포함되어 있어 신경통과 비만에 좋다고 알려져 있다. 여름이면 뜨거운 모래를 덮고 찜질하는 관광객들을 심심찮게 볼 수 있다. 물이 깊지 않아 아이들과 함께 물놀이를 즐기기에도 좋다. 저물 무렵 노을이 지는 풍경은 특히 아름답다.

add. 제주시 봉개동 산51-2
tel. 064-728-3611
open. 09:00~18:00, 동절기 ~17:00
fee. 성인 1,000원, 청소년 600원

add. 제주시 삼양동
tel. 064-728-8174

photo essay

내가 사랑하는 단 하나의 섬

지금까지 셀 수 없을 정도로 많이 제주를 찾았지만
제주는 그때마다 다른 모습을 보여 주었다.
바다는 바다대로, 오름은 오름대로, 그리고 숲은 숲대로
언제나 다른 표정으로 맞아 주었다.
육지를 떠난 비행기가 바다 옆 제주공항에 착륙하는 순간,
나는 이 섬을 얼마나 사랑하는지를 새삼 깨닫곤 했다.
제주, 내가 사랑하는 단 하나의 섬.

Part. 2

낭만 제주를 맛보다
서북부

애월읍 | 한림읍 | 한경면

아루요

'마스터셰프 코리아' 우승자의 솜씨

add. 제주시 애월읍 유수암리 1040-5 · tel. 064-799-4255 · open. 11:30~14:30 · 17:30~20:00(재료 소진 시 마감)
menu. 가쓰동 6,000원, 오야코동 8,000원, 나가사키 짬뽕 1만원, 마구로 쯔라시동 1만 5,000원
tip. 점심때보다 저녁때가 덜 붐빈다.

애월을 지나 안덕면 쪽으로 가다 보면 '유수암'이라는 마을이 나온다. 해발 200m의 중산간 지역에 자리 잡은 이곳은 '유수암천'이라는 용천수 주변에 만들어진 마을이다. 큰노꼬메오름을 비롯해 여러 개의 오름이 마을 주변에 있고, 뭍에서 제주로 이민 온 사람들이 전원주택을 짓고 사는 덕분에 신비롭고 이국적인 분위기가 느껴지는 곳이다.

이 마을 한가운데 위치한 동그란 모양의 오래된 놀이터 한쪽에 덩그러니 서 있는 '아루요'는 케이블 TV 서바이벌 프로그램 「마스터 셰프 코리아」, 일명 '마셰코' 시즌 1 우승자인 김승민 셰프가 운영하는 일식집이다. 메뉴는 나가사키 짬뽕과 덮밥류, 우동 등으로 단출하며 가격도 비교적 저렴하다.

마셰코 우승자가 운영하는 곳으로 소문이 난 탓에 항상 손님들로 북적인다. 30평 남짓으로 넓은 편이 아니라 줄 설 각오는 해야 한다.

2층도 있지만 손님에게 집중하기 위해 1층만 오픈한다.

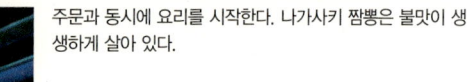

주문과 동시에 요리를 시작한다. 나가사키 짬뽕은 불맛이 생생하게 살아 있다.

아루요의 대표 메뉴는 나가사키 짬뽕과 마구로 찌라시동(참치회 덮밥)이다. '나가사키 짬뽕이 뭐 거기서 거기지' 하며 우습게 봐선 안 된다. 돼지 뼈로 직접 우려낸 육수에 제주산 해물이 듬뿍 들어간 짬뽕은 불맛이 생생하게 살아 있다. 주문이 들어가면 육수를 둥그렇고 커다란 웍에 붓고 해물과 채소를 넣어 요리를 바로 만든다. 주방이 보이는 바에 앉으면 잠깐 동안 화려한 불쇼까지 구경할 수 있다. 짬뽕에 들어가는 면은 제면소에 따로 주문하는 것으로 소금과 밀가루를 아루요만의 적정 비율로 혼합한 것이라고 한다.

마구로 찌라시동 역시 인기 메뉴다. 수북하게 담긴 밥 위에 마리네이드된 참치를 덮고, 그 위에 직접 간 생고추냉이와 달걀말이, 무순을 다소곳하게 올린다. 먹는 방법은 간단하다. 비비지 말고 밥과 참치를 숟가락으로 뜨고, 그 위에 생고추냉이를 올려서 먹으면 된다. 달짝지근한 소스로 버무려진 밥과 참치의 단단한 육질, 고추냉이의 매운맛이 어울려 저절로 고개를 끄덕이게 만든다. 오야코동, 야키우동, 고로케 등 다른 메뉴도 수준급이다.

최근 제주시 연동에 위치한 2호점은 덮밥 종류가 주메뉴다. 서로 비교해 보며 먹는 것도 색다른 재미다. 참고로 마스터셰프 코리아 우승자가 직접 운영하는 곳은 2호점이다. 바삭한 닭튀김을 먹고 싶다면 아루요 2호점을 추천한다. ▲

르 씨엘 비

제주 스타일의 캐주얼 레스토랑

add. 제주시 애월읍 고내리 1097 : tel. 064-712-1427 : open. 12:00 ~ 15:00 · 17:00~21:00, 월요일 휴무
menu. 오늘의 타파스 · 뿔소라 에스카르고 · 보말파스타 1만 8,000원,
저온조리한 돼지 목살을 곁들인 파스타 2만 3,000원 : tip. 예약 필수

총인구 60여만 명에 불과한 제주가 올레길 열풍과 항공편의 폭발적인 증가로 매일 10만 명의 여행객이 찾는 '아시아 최고의 관광지'가 됐다. 여행자들이 늘면서 근사한 레스토랑이 들어서기 시작했고, 자연스레 제주에 자리를 잡는 셰프들도 생겨났다. 최근 몇 년 사이 제주의 식재료를 사용해 그들만의 각별한 요리를 선보이는 캐주얼 다이닝 레스토랑들이 주목받고 있다.

애월해안도로는 제주의 해안도로 가운데 가장 아름다운 곳으로 손꼽힌다. 고급 풀빌라와 개성 있는 음식점들이 많이 들어서 있고, 지금도 계속 생겨나고 있다. 한마디로 제주에서 가장 '핫'한 곳이다. 가수 이효리와 장필순도 애월 주민이다.

조금은 번잡한 해안도로에서 한적한 시골길을 따라 마을 쪽으로 조금만 올라가다 보면 갤러리를 연상시키는 아담한 노출 콘크리트 건물이 나온다. 이곳이 애월에서도 가장 멋진 음식을 만들어내는 '르 씨엘 비'다. 오세득의 '줄라이'에서 수석 셰프로 공력을 쌓은 김태효 셰프의 레스토랑으로 몸(모자반), 톳, 뿔소라, 보말(고둥) 같은 제주산 식재료를 이용해 다양한 요리를 선보인다.

간단하게 먹을 수 있는 타파스도 맛있다.

이곳에서만 먹을 수 있는 보말파스타. 보말과 감태의 독특한 맛을 느낄 수 있다.

일단 메뉴부터 제주스럽다. 감태로 감싼 보말파스타, 뿔소라 에스카르고, 수비드(저온 조리) 방식으로 조리한 흑돼지 오겹 등 창의적인 레시피가 메뉴판에 가득하다. 새로운 레시피 개발을 위해 제주를 찾았던 김 셰프는 제주의 식재료에 반해 아예 이곳에 눌러앉았다고 한다.

르 씨엘 비의 시그니처 메뉴는 보말파스타와 뿔소라 에스카르고다. 보말파스타는 보말을 가득 넣은 파스타에 감태를 푸짐하게 얹은 것으로, 오직 이곳에서만 맛볼 수 있는 메뉴다. 부드러운 파스타와 쌉싸름한 감태가 어울려 독특한 풍미를 만들어 낸다.

달팽이 대신 뿔소라를 이용해 오븐에 조리한 뿔소라 에스카르고 역시 제주의 감성이 물씬 묻어나는 요리다. 쫄깃하면서도 부드러운 뿔소라 살이 치즈의 풍미와 절묘하게 어우러져 있다. 이 두 요리만으로도 그가 왜 제주에 둥지를 틀었는지 고개가 끄덕여진다.

최근에는 간장 베이스의 문어파스타도 선보이고 있다. 알맞게 삶아진 문어와 달걀, 돌나물, 감태 등이 어우러져 독특한 맛을 연출한다. 앞으로 그의 요리가 더 기대되는 대목이기도 하다.

흑돼지와 활어회, 몸국, 고기국수도 좋지만 제주 스타일의 캐주얼 요리도 제주 여행의 즐거움을 더해 줄 것이다. ▲

동귀어촌계횟집

나만 알고 싶은 횟집

add. 제주시 애월읍 하귀1리 1624-1 : tel. 064-713-2979 : open. 17:00~22:00
menu. 회 8만~10만원, 각종 해산물 2만원
tip. 가수 장필순 씨의 단골집이기도 하다.

'동귀어촌계횟집'은 '이런 곳에 횟집이 있을까?' 하고 의문이 들 정도로 한적한 어촌 마을에 자리 잡고 있다. 평범하다 못해 소박한 겉모습과는 달리 맛만큼은 특별하고 최고임을 보증한다. 회도 좋고, 회가 나오기 전 깔리는 딱새우, 문어, 전복, 굴, 보말 등의 부요리도 좋다. 보말 까먹는 재미도 쏠쏠한데 거기에 롤밥까지 나온다. 불타는 소라가 나오면 '와~' 하는 탄성이 나온다.

주메뉴는 제주산 뱅에돔과 황돔인데 모둠회를 시키면 모두 맛볼 수 있다. 뱅에돔은 부드럽고, 황돔은 씹히는 맛이 좋다. 식감은 약간 거칠어도 맛있다. 회를 다 먹을 때쯤이면 나오는 우럭튀김은 겉이 바삭하고 속은 촉촉하고 부드럽다. 회를 뜨고 남은 살로 만들어 주는 튀김은 맥주 안주로 좋다.

식사를 하면 게장과 김치가 밑반찬으로 나온다. 지리 국물도 간이 심심해서 숟가락질하기 바쁘다. 딱새우, 소라, 가리비 등 푸짐한 해산물, 된장과 고춧가루를 약간 넣어 끓인 해물탕은 심심하면서도 시원한 맛이 은근 매력적이다. 해산물이 신선하기 때문에 이렇게 맑게 끓일 수 있는 것이다. ▲

반찬이 깔끔하고 음식 양도 푸짐해 든든하게 식사를 하기에 좋다.

숙이네 보리빵

제주 보리와 쑥을 담은 웰빙 빵

add. 제주시 애월읍 애월리 1584-1 · tel. 064-799-1777
open. 10:00~20:00(소진시 마감), 첫째 · 셋째 일요일 휴무
menu. 쑥보리빵 · 보리빵 600원, 쑥보리팥빵 · 보리팥빵 500원
tip. 버스 정류장 앞 조그만 가게로 앉아서 먹을 자리는 없고 포장만 가능하다.

택배로 부치거나 주문할 수 있다.

'숙이네 보리빵'은 애월 읍내에 위치하고 있다. 주인장 김인숙 아주머니는 매일 오전 10시면 어김없이 문을 열고 보리빵을 만든다. 가게 한편에는 커다란 찜통이 있고, 그 옆에는 보리빵 반죽을 숙성시키는 냉장고와 팥과 반죽이 놓인 커다란 도마가 있다.

이곳에는 네 종류의 보리빵을 판다. 보리빵과 여기에 팥이 들어간 것, 쑥빵과 여기에 팥이 들어간 것이 있다. 주인아주머니의 말에 따르면 젊은 사람들은 팥이 들어간 것을 좋아하고, 나이가 좀 드신 분들은 팥이 없는 것을 좋아한다고 한다.

숙이네 보리빵에서 사용하는 보리는 전부 제주산이다. 쑥 역시 아주머니가 직접 재배한 것을 사용한다. 그래서인지 쑥향이 진하다. 입 가까이 가져만 가도 쑥향이 코를 찌른다. 쑥빵이 보리빵보다 인기가 많은지 나오자마자 다 팔린다. 오후에 가면 조금 기다려야 할 때도 있다.

몇 개 사서 차 안에 두고 심심풀이로 먹어도 좋고, 아이들 물놀이 간식용으로도 괜찮다. 물론 선물용으로도 좋다. ▲

제주 슬로비

젊은 요리사들이 선보이는
신선한 제주의 맛

add. 제주시 애월읍 애월리 1587 애월리복지회관 1층 : tel. 064-799-5535
open. 11:00~15:00 ·17:00~21:00, 화요일 휴무
menu. 나폴리 마녀의 가지 리가토니 1만 1,000원, 흥대커리와 닭튀김 1만원
tip. 내비게이션에서 '애월리복지회관'을 검색하는 것이 편하다.

외관만 보면 자칫 지나치기 쉽다. 애월리복지회관 주차장을 이용하면 된다.

애월읍 애월리복지회관 1층에 '제주 슬로비'란 이름의 레스토랑이 있다. 슬로비는 단순한 밥집이 아니라 텃밭을 가꾸고, 친환경 도시락 판매도 하는 사회적 기업이다. '청소년 요리대안학교'라고도 하는데, '영셰프'라 불리는 젊은이들이 이곳에서 요리를 배우고 사회로 나간다. 서울에는 홍대를 본점으로 성북구와 제주에 지점을 두고 있다.

문을 열고 안으로 들어서면 바깥에서 보는 것과 달리 넓고 따뜻한 실내 공간이 펼쳐진다. 편안해 보이는 테이블과 의자, 책장에는 제주 여행에 관련된 책들이 빼곡하다. 스카프와 머그잔 등 소소한 기념품도 판매한다.

메뉴판을 보면서 한 번 더 놀란다. 애월비빔밥과 보리차, 농부의 수프와 제주돌빵, 새별돼지오름, 제주 파르망 등 제주색이 물씬 풍기는 음식들이 가득하다. 이곳에서는 올리브오일과 치즈 등 일부 식재료를 제외하고는 애월읍 특산물인 취나물을 비롯해 무, 당근, 감자, 우유 등 대부분의 식재료를 신선한 제주산으로 사용한다. 달걀은 제주 토종란만 사용하며, 과일도 가능하면 주변 농가에서 구한다고 한다. 다문화 가정의 자녀들을 초청하는 요리교

당근, 감자, 양파 등의 제주 뿌리채소를 오래 끓여 진하고 부드러운 프랑스식 수프와 바삭한 제주돌빵을 곁들인 '농부의 수프와 제주돌빵'.

실, 인근 초·중·고등학교 학생들을 대상으로 하는 요리 교육 프로그램도 진행한다.

가장 인기 있는 메뉴는 '농부의 수프와 제주돌빵'이다. 돌빵이 까만색이라 좀 낯설지만 직접 먹어 보면 부드럽고, 촉촉한 맛에 반하고 만다. 그 모습이 꼭 현무암을 닮아 '돌빵'이라 부른다. '나폴리 마녀의 가지 리가토니'는 마리네이드된 가지와 호박을 듬뿍 넣고 조리한다. 면은 쇼트 파스타인 원통형의 리가토니를 사용하는데 수제 토마토소스 덕분에 맛이 더욱 풍성하다. '홍대커리와 닭튀김'은 홍대 슬로비의 메뉴를 가져온 것으로 매콤한 커리에 바삭하게 튀긴 닭튀김을 곁들인 메뉴다. '새별 돼지오름'은 돈부리와 비슷하다. 돼지고기 밑에 양배추가 듬뿍 깔려 있는데, 깻잎의 향긋한 향과 간이 적절하게 된 돼지고기가 어울려 독특한 맛을 내며 양도 푸짐하다.

애월의 특산 취나물과 신선한 나물을 사용해 만든 '애월비빔밥'도 추천한다. 고추장 없이 비벼 먹지만 전혀 싱겁지 않다. 먹다 보면 기분이 좋아지고 몸까지 건강해지는 느낌이 든다. ▲

도치돌가든

제주 방목 한우의 고소한 맛

add. 제주시 애월읍 어음리 2472-1 | tel. 064-799-1415 | open. 09:00~22:00
menu. 모둠구이 5만 5,000원(중), 7만원(대), 생갈비(300g)·갈빗살(150g)·안창살(150g) 3만원
tip. 주차 가능하다.

'도치돌가든'은 제주 시내에서 중문 방향으로 가는 평화로를 타고 가다 어음 방향으로 가면 나오는 곳으로, 제주 한우를 저렴하게 맛볼 수 있다. 제주의 소들은 거의 방목으로 키워져 육질이 탄탄하고 식감이 쫄깃하다. 고소한 풍미도 좋다.

모둠구이를 주문하면 차돌박이와 등심, 안심, 곱창 등 제주 한우의 다양한 부위를 맛볼 수 있다. 마블링도 좋고 육질도 연하다. 콩팥과 염통도 나오는데 고소한 맛이 진하다. 간과 천엽도 서비스로 내주는데 신선하고 씹을수록 풍부한 맛이 우러난다. 곱창과 고기를 약간 남겨 밥을 볶아 먹는 것도 별미다.

다른 곳에서는 흔히 먹을 수 없는 '머리골'이라는 메뉴도 있다. 보기에는 약간 부담스럽지만 먹을 만하다. 입에 들어가자마자 살살 녹는다. ▲

현지인들도 즐겨 찾는 곳으로 쇠고기를 좋아하는 이들은 한 번쯤 들러볼 만하다.

26

닻

포구 옆 운치 있는 일본식 술집

add. 제주시 애월읍 하귀2리 2726 ː tel. 070-4147-2154 ː open. 18:00~01:00, 수요일 휴무
menu. 오징어튀김 1만 5,000원, 딱새우버터볶음 1만 7,000원
tip. 페이스북에서 '닻'을 검색해보자.

가문동포구는 하귀-애월해안도로가 시작되는 곳에 자리한 포구로 등대와 선착장, 어선이 어울려 아주 낭만적인 분위기를 빚어낸다. '닻'은 가문동포구 옆에 자리한 일본식 선술집이다. 가게에서 10m만 걸어가면 빨간 등대가 있고, 선착장에 기댄 배들이 파도에 무심하게 흔들린다.

실내는 조도가 낮아 비밀스러운 분위기다. 주방을 따라 바가 있고, 홀에는 테이블이 다섯 개 정도 놓여 있다. 친구들과 함께 생맥주를 마시며 두런두런 이야기를 나누기 좋다.

제주에서는 보기 힘든 '맥스' 생맥주를 파는데, 부드럽게 올라간 크림이 좋다. 바삭하게 튀겨낸 '딱새우고로케'나 '오징어튀김'과 함께 먹다 보면 어느새 밤이 깊어간다. 향긋한 버터향과 마늘칩의 향이 잘 어울리는 '딱새우버터볶음'도 추천한다. 비잔클리어 등의 일본 소주, 오니레이슈, 마루 등 사케와 나가사키 짬뽕, 쇠고기 다다키 등도 먹을 수 있다. '닻'이라고 쓰인 간판의 캘리그래피도 아주 멋스럽다. ▲

닻은 생맥주와 맛있는 안주를 즐길 수 있는 낭만 가득한 곳이다.

수우동

쫄깃한 수타 우동과 바삭한 돈가스

add. 제주시 한림읍 협재리 1706-1 : tel. 064-796-5830
open. 11:00~16:00 · 17:00~20:00, 화요일 휴무
menu. 수우동 7,000원, 왕새우튀김우동 1만원, 돈가스 1만 2,000원
tip. 재료 소진 시 마감되니 참고하자.

빛깔이 예쁘기로 소문난 협재 바다가 보이는 해변가에 농가 주택을 개조해 만든 '수우동'이 있다. 연두색과 노란색, 파란색이 어우러져 동화같은 분위기를 내는 곳이다.

수타 우동집으로 가게 한쪽에서 면을 뽑는 과정도 직접 볼 수 있다. 면발이 쫄깃하고 차져 입술에 착착 감긴다. 가쓰오부시로 낸 육수는 진하면서도 담백하다. 창가에 앉아 바다를 바라보며 따스한 우동을 후루룩 먹다 보면 제주의 거친 바람도 낭만적으로 느껴진다. 두툼한 돈가스와 브로콜리, 깻잎, 고추, 어묵, 고구마, 단호박, 새우튀김 등이 나오는 모둠 튀김도 맛있다. 카레우동도 별미라 한 번 맛본 후 다시 찾는 이들이 많다.

우동 맛도 맛이지만 창밖으로 보이는 협재 바다의 풍경이 백만불짜리다. ▲

모든 메뉴는 주문 후 조리되기 때문에 10분 이상 소요된다. 기다리는 동안 창밖의 협재 바다를 구경하는 여유를 느껴 보자.

앤트러사이트

전분 공장에서 앤티크 카페로 변신

add. 제주시 한림읍 동명리 1715 : tel. 064-796-7991 : open. 11:00~19:00
menu. 커피 3,500~6,000원, 한라봉주스 6,000원, 피스타치오 파운드 3,500원
tip. 카페 앞에 주차 공간이 있다.

한림에 자리한 '앤트러사이트'는 서울 합정동에 있는 '앤트러사이트'의 분점이다. 본점이 신발 공장을 개조해 만들었다면 한림점은 전분 공장을 카페로 꾸몄다.

제주도에서는 고구마를 '감저'라고 부르고, 감자는 '지슬'이라고 부른다. 이 공장은 감자로 전분을 만들던 곳으로 1990년대 초까지만 해도 한림항은 서귀포, 성산포와 함께 제주에서 가장 큰 항구로 이곳에서 만들어진 전분이 육지와 해외로 팔려 나갔다.

1951년 설립 당시 건평이 150평, 대지는 1,800평에 이르는 규모로 동네 사람들 대부분이 이 공장에서 일할 정도였다. 하지만 수입 농산물이 밀려들면서 공장은 1991년 결국 문을 닫았다.

버려졌던 공장이 카페로 재탄생하면서 이제는 증기터빈 대신 에스프레소 머신이 돌아가고, 먼지만 쌓이던 곳에 사람들의 온기가 채워지고 있다. 외관은 본래의 창고 모습 그대로인데 건물 두 채가 붙어 있는 점이 독특하다.

육중한 나무 문을 열고 들어서면 실내의 모습에 깜짝 놀라게

간판이 없어 자칫 지나치기 쉬우니 주의하자.

아메리카노는 당일 판매하는 원두 중에서 선택할 수 있는데 레몬쿠키와 비건후르츠 파운드, 피스타치오 파운드, 가토쇼콜라와도 잘 어울린다. 레모네이드와 한라봉주스도 있다.

된다. 당시 사용되던 50마력짜리 중고 증기터빈이 그대로 자리하고 있는데, 카페를 열기 전 먼지를 떨어내는 작업만 3개월이 걸렸다고 한다.

바닥에는 제주 현무암과 송이석을 깔아 돌과 돌 사이에서 이끼와 풀이 자란다. 전분을 걸러내던 체는 약간만 고쳐서 테이블로 사용한다. 안쪽에 놓인 책 진열대에는 시집과 여행서가 있어 커피 한 잔과 함께 책을 읽을 수도 있다. 덕분에 혼자 와서 독서에 빠진 여행자도 쉽게 볼 수 있다. 커피를 내리는 키친 역시 현무암을 사용해 제주만의 느낌을 살렸다.

햇빛과 바람, 돌과 사람이 어우러진 영감으로 가득한 분위기 속에서 사람들은 커피를 마신다. 창문 사이로 들어온 햇빛이 카페 속에 고여 있는 커피 향과 어우러져 아늑하고 따스한 느낌을 빚어낸다. 한림 근처에 간다면 꼭 한번 찾아보길 권하고 싶은 카페다. 커피뿐만 아니라 쿠키와 파운드케이크도 준비되어 있어 달콤한 휴식을 즐기기에도 더할 나위 없다. ▲

제주와 관련된 디자인 소품, 사진집 등과 시집을 판매한다. 입구에는 증기터빈이 그대로 있어 여느 카페와는 다른 독특한 분위기를 느낄 수 있다.

사형제횟집

30여 가지의 부요리와 함께 먹는 고등어회

add. 제주시 한림읍 대림리 2015 tel. 064-796-8709 open. 11:00~23:00
menu. 고등어회 · 모둠회 상차림 8만~11만원
tip. 건물 옆에 주차 공간이 있다.

다양한 부요리를 먹다 보면 어느새 배가 찬다. 서비스도 좋고 친절해 기분까지 좋아지는 곳이다.

제주에서 꽤 이름 높은 '사형제횟집'은 원래 한림항 앞에 있었지만 최근에 내륙 쪽으로 자리를 옮겼다. 주메뉴는 자연산 활어와 고등어회인데 여행객들은 주로 고등어회를 먹는다.

이 집은 고등어회만큼이나 화려한 부요리로 유명하다. 가짓수가 대략 30가지가 넘고 접시가 상을 가득 채우고도 모자라 그릇을 포개기까지 한다. 주꾸미 숙회, 소라, 키조개, 딱새우, 갈치회, 자리돔회, 문어, 오징어 숙회 등이 젓가락질을 바쁘게 만든다. 이 중에서도 딱새우는 회보다도 더 인기를 끈다. 오도리(산새우)처럼 껍질을 까서 사형제만의 특제 소스에 푹 찍어 먹는데, 그 맛이 오도리보다 낫다.

고등어회도 싱싱하다. 김에 밥을 살짝 올리고 잘 숙성된 고등어회 한 점 양념장에 찍어 올린 후 먹으면 '아~' 하는 탄성이 절로 나온다. 차지면서도 쫄깃한 식감에 씹으면 씹을수록 고소하면서도 달콤한 맛이 배어 나온다. 전남 구례에 사는 '사형제'의 부모님이 보내 주는 산수유에 싱싱한 고등어를 6시간 동안 숙성시켜 회로 뜨는 것이 이곳 맛의 비결이다. ▲

하우스레서피 당근케이크

이제껏 맛보지 못한 당근의 매력

add. 제주시 한림읍 귀덕리 1236-9 · tel. 064-796-9440
open. 10:00~16:00, 화요일 10:30~12:00
menu. 당근케이크 1만 1,000~3만 5,000원. 당근머핀 5,000원(4개) · 1만원(8개)
tip. 하루 판매 분량만 만들기 때문에 미리 전화를 해보고 가야 한다.

제주시 한림읍 귀덕리의 작은 시골 마을 길가에 구멍가게처럼 자리 잡은 케이크점이다. 미국, 홍콩, 멕시코시티 등에서 25년 동안 생활한 부부가 귀국해 지난 2009년 문을 열었다. 이제는 꽤 유명해져서 제주 여행을 올 때마다 들르는 단골도 생겼다.

실내에는 이런저런 생활 소품이 놓인 한쪽에 커다란 탁자와 의자가 놓여 있고, 다른 한쪽에 케이크 진열장이 있다. 평범한 가정집에서 케이크를 팔고 있는 것 같다.

종류는 당근케이크와 당근머핀 두 가지가 있다. 케이크에는 필라델피아 크림치즈가 들어 있지만 머핀에는 들어 있지 않다. 채 썬 당근이 촘촘하게 박혀 있고 촉촉한 크림치즈가 듬뿍 들어 있는 당근케이크는 지금까지 우리가 먹던 그것과는 달리 전혀 자극적이지 않다. 제주 당근은 미국 당근과는 달리 수분이 많고, 당도가 높아 설탕을 아주 적게 넣어도 맛있다는 것이 주인의 설명이다.

간단한 차 종류도 함께 판매하는데, 허브 차와 함께 먹으면 맛이 한결 더 좋다. 택배로도 주문이 가능하다. ▲

제주도 당근은 좋은 토질과 알맞은 기후에서 자라 맛과 영양이 좋다. 당근을 싫어하는 아이들을 위해 택배로 주문하는 사람들도 많다고 한다.

한림바다체험마을

달콤 짭조름한 우럭조림

add. 제주시 한림읍 한수리 879-30 ː tel. 064-796-1817 ː open. 11:00~22:00
menu. 생우럭조림 3만~4만원
tip. 어촌계에서 운영하는 각종 프로그램이 있어 아이들과 체험할 수 있으며, 숙박도 가능하다.

제주에서 조림으로 먹는 우럭은 '돌우럭'이라 해서 우리가 흔히 보는 우럭과는 다르다. 어른 손바닥보다 조금 작은 크기로, 검붉은 색이 돋보인다. 지느러미의 가시가 억세고 길게 돋아 있는 것도 특징이다. 돌우럭은 불과 10여 년 전만 하더라도 갯바위 부근에서 낚싯줄만 드리우면 올라올 만큼 흔하디흔한 고기였는데 요즘은 정말 귀한 몸이 되었다.

이렇게 귀한 돌우럭으로 만드는 우럭 콩조림의 조리 방법은 아주 간단하다. 우럭 두어 마리와 무, 감자 등을 넣고 간장을 붓고 달달 졸여내면 된다. 우럭에서 우러난 육즙과 간장의 짭짤함, 그리고 콩의 전분질이 어울려 고소하면서도 달콤한 맛을 빚어낸다. 데리야키 소스와 비슷한 맛을 내는데 그보다는 약간 더 짭조름하고 달콤하다. 국물에 밥을 비벼 먹으면 다른 반찬이 필요 없을 정도로 맛있다.

'한림바다체험마을'은 애월, 한림 방면에서 우럭조림으로는 단연 최고로 쳐주는 곳이다. 아이들과 함께 식사하기도 좋고, 친구들과 어울려 소주잔을 기울이기에도 모자람이 없다. 우럭조림을 시키면 내주는 광어회와 광어초밥도 싱싱하고 맛있다. ▲

제주에서는 우럭을 회나 매운탕으로도 먹지만 조림으로도 먹는다. 조릴 때 콩을 함께 넣어 우럭 콩조림을 만든다.

최마담네 빵다방

아늑한 분위기에서 즐기는 커피 한 잔

add. 제주시 한림읍 협재리 1494-1 · tel. 064-796-6872 · open. 11:00~20:00, 목요일 휴무
menu. 커피 6,000원, 빵 4,000~5,000원
tip. 협재해수욕장과 멀지 않아 바다 산책 후 쉬어 가기 좋다.

서울의 한 영화 투자사에 다니던 주인이 평소 취미로 빵과 과자를 굽던 솜씨를 살려 차린 베이커리 겸 카페. 협재리에 위치한 '쵀마담네 빵다방'은 전형적인 제주의 농가 주택을 개조한 카페로 제주의 운치를 느낄 수 있다.

카페 한쪽은 커다란 벽난로가 차지하고 있어 겨울이면 장작이 타닥타닥 기분 좋은 소리를 내고, 커다란 통유리로는 햇빛이 환하게 비친다. 아기자기한 소품과 장난감이 진열되어 있어 편안하면서도 재미있다.

이곳은 드립 커피만 판매하는데 쓰지 않으면서도 묵직한 맛이 일품이다. 함께 나오는 후추쿠키도 맛있다. 톡 쏘면서도 알싸한 맛이 커피와 잘 어울린다. 브라우니와 시나몬롤, 머핀 등도 맛이 좋다. 여름이면 달콤한 우유빙수도 있다.

제주에 관한 잡지와 컵, 텀블러는 물론 주인이 털실로 직접 짠 예쁜 모자도 살 수 있다. 제주의 한적함과 여유로움을 즐기기에 더없이 좋은 곳이다. ▲

올레 14코스 중에 위치해 커피 한 잔과 빵을 먹으며 휴식을 갖기 좋다.

면 뽑는 선생 만두 빚는 아내

수육과 만두의 오묘한 조화

add. 제주시 한림읍 옹포리 251 : tel. 064-796-4562
menu. 한우사골만둣국 1만 2,000원, 한우버섯만두전골 3만 5,000원(소) · 5만원(중) · 6만 5,000원(대)
open. 11:00~21:00(고기 소진 시까지), 수요일 휴무
tip. 주차 가능하다.

식당 이름부터가 이목을 확 끈다. 겉으로 보기에는 평범한 가정집이다. 하지만 안으로 들어서면 멋스러운 식당 내부 공간이 펼쳐진다.

주메뉴는 한우수육만두전골이다. 제주산 한우와 사골로 진한 육수를 뽑고, 그 속에 직접 빚은 커다란 만두를 가득 담는다. 그리고 만두 위에 1+ 등급의 양지와 아롱사태로 만든 수육을 푸짐하게 올린다. 주인에 따르면 모든 고기는 1시간 정도 숙성시킨 것이라고 한다. 그래서인지 고기가 한층 야들야들하다. 만두 속도 꽉 차 있다. 돼지고기와 야채를 푸짐하게 넣었다.

전골이 나오면 먼저 수육을 겨자 소스에 찍어 먹고, 한 번 끓은 뒤 만두를 먹으면 된다. 다 먹은 뒤에는 직접 뽑은 생면을 육수에 넣어 끓여 먹는다. 얇지만 탱탱한 면발이 입에 부드럽게 감긴다. 육수에 2분 40초 동안 팔팔 끓이면 면이 가장 맛있다는 것이 주인의 설명이다. ▲

식당 마당과 내부가 넓어 아이들과 함께 식사하기에 좋다.

그곳

금능해변에 자리한
느낌 좋은 카페

add. 제주시 한림읍 금능리 1395 : tel. 070-4128-1414
open. 11:00~21:00, 수요일 휴무
menu. 커피 4,000~5,000원, 생레모네이드 6,000원, 치아바타 3,500원, 녹차케이크 5,000원
tip. 페이스북에서 '카페 그곳'을 검색해 보자.

제주 서쪽에 자리한 금능으뜸원해변은 제주에서도 가장 아름다운 해변 가운데 하나다. 에메랄드빛 바다와 하얀 백사장, 손에 잡힐 듯한 비양도가 어우러져 아름다운 풍경을 연출한다. 제주를 찾는 자유 여행자들이 많이 들르는 곳이지만 협재해수욕장보다는 한결 한적하고 조용하다. 앞바다의 수심이 얕은 편이라 어린이를 동반한 가족 단위 피서객들에게도 각광받는다. 특히 해 질 무렵 바다와 해변 일대를 붉게 물들이는 낙조의 경관이 환상적이다. 해변에 자리한 돌하르방 조각도 볼 만하다.

'그곳'은 금능해변 가까이 자리한 카페다. 구체적으로 표현하기보다는 그저 '느낌이 아주 좋은 카페'라고 하면 어울리겠다. 옛날 다방처럼 보이는 건물 외관과 독특한 타이포그래피를 사용한 간판이 이목을 끈다.

문을 열고 들어서면 자연스럽게 낡은 가구들과 모던한 가구들이 묘하게 어울려 있다. 창문으로는 포근한 햇살이 쏟아져 들어오고, 곳곳에 놓인 빈티지풍의 소품이 마음을 느긋하고 편안하게 만들어 준다. 카페 한가운데 테이블에는 책들이 가득 쌓여 있다.

카페 뒤쪽 골목으로 조금 들어가면 금능해변이 나온다. 조용한 바다와 아기자기한 마을이 마음을 편안하게 만든다.

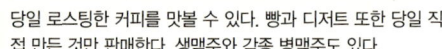

당일 로스팅한 커피를 맛볼 수 있다. 빵과 디저트 또한 당일 직접 만든 것만 판매한다. 생맥주와 각종 병맥주도 있다.

이곳에서는 매일매일 원두를 로스팅하고, 모든 디저트를 만든다. 빵 역시 그날 구운 것만 판매하는데 맛도 빠지지 않는다. 카페라테 등 커피도 훌륭하고, 비프 파스트라미 샌드위치, 감자튀김 같은 요리들도 수준급이다. 이곳을 찾은 많은 여행자들이 꼭 먹어봐야 할 것으로 추천하는 메뉴는 치아바타와 포카치아다. 담백하면서도 쫄깃해 자꾸만 손이 간다. 홈메이드 요구르트에는 직접 만들었다는 키위 잼이 가득 들어 있다. 샐러드와 맥주도 먹을 수 있어 친구와 함께 오래도록 수다를 떨고 싶어지는 카페. 카페에서는 가끔 공연도 열려 혼자만의 시간을 즐기기에도 부족함이 없다.

카페에서 한가한 시간을 보내고 나와 동네 골목을 산책하는 것도 괜찮다. 파란 대문과 주황색 지붕이 어우러진 마을이 오직 제주에서만 만날 수 있는 풍경을 선사한다. '곳'은 '제주 곶자왈'의 곳, '바다의 끝'을 뜻하는 '곶', 곳과 같은 소리를 내는 장소를 뜻하는 '곳'을 의미한다. ▲

카페 한쪽에 자리한 턴테이블과 다이얼 전화기, 전축도 다정한 분위기를 연출한다. 자리가 협소해 따로 예약을 받지는 않는다.

데미안

육즙 가득한 흑돼지 돈가스

add. 제주시 한경면 조수리 437-9 ᆞ tel. 010-4277-0551
open. 11:00~16:00, 월요일 휴무 ᆞ menu. 돈가스정식 1만 2,000원
tip. 미리 전화해서 대기 인원을 물어보고 가는 것이 좋다. 돈가스 리필 가능.

돈가스는 일본 근대의 산물이다. 메이지유신 시절에 유래된 음식이다. 체구가 작았던 일본인들은 고기를 먹고 서양인처럼 키가 커지길 원했고, 그래서 서양 음식인 커틀릿을 변형해 '돈가스'라는 음식을 만들어 냈다. 한국으로 들어오면서도 변형 과정을 거치게 되는데, 일본식 돈가스는 젓가락으로 집어 먹기 쉽게 잘라서 나오지만, 한국식 돈가스는 직접 잘라 먹을 수 있도록 포크와 나이프가 따라 나온다. 그렇게 일본에서 한국으로 들어온 돈가스는 이제 한국인이 외식을 할 때 즐겨 먹는 음식 가운데 하나로 자리 잡았다.

돈가스는 아이를 둔 가족들이 여행할 때 가장 만만하게 먹을 수 있는 음식이다. 고기에 빵가루를 묻혀 기름에 튀겨 내니 맛이 없기도 힘들다. 웬만한 집이라면 평균적인 돈가스를 만들어 내니 실패의 부담도 적다. 일반 돼지로 만들어도 맛있는 돈가스인데 제주 흑돼지로 만들면 맛이 더 좋을 수밖에. 흑돼지는 돈가스 만들기에 적당한 고기다. 고기에 함유된 수분이 적고 지방도 촘촘해 육즙을 가두기가 쉽다. 또 육질이 푸석푸석하지 않고 쫄깃하다.

제주 전통 가정집을 개조해 2013년 3월 처음 문을 열었다. 카페와 아담한 정원에 주인장의 손길이 고스란히 묻어 있다.

이곳 돈가스의 특별한 비법은 없다고 주인장은 말한다. 아마도 두툼한 제주산 돼지고기를 사용하는 것이 비법 아닐까.

한경면 조수리의 한적한 마을에 자리한 '데미안'은 아이들을 데리고 일부러라도 꼭 가서 먹고 싶은 돈가스 집이다. '설마 이런 곳에 식당이 있을 줄이야' 하면서 찾아가는데, 막상 가보면 입소문을 듣고 찾아온 여행객들로 늘 붐빈다.

외관은 가정집을 개조해 식당으로 꾸며 친숙하고 편안한 느낌을 준다. 곳곳에 주인장의 세심한 손길이 깃들어 있다. 마당도 널찍한데, 야외에서도 먹을 수 있도록 테이블이 마련되어 있다. 나무로 꾸며진 실내는 아늑하고 아기자기하다.

돈가스를 주문하면 애피타이저로 수프 대신 전복죽이 나온다. '참 제주스럽다'는 생각이 절로 드는 대목이다. 돈가스 접시에는 아이 주먹만 한 돈가스 두 덩이와 감자튀김, 밥, 샐러드, 소스가 정성스럽게 놓여 있다. 얼핏 보기에도 상당히 먹음직스럽다. 고소한 기름 냄새도 후각을 자극한다.

돈가스는 우리가 흔히 먹는 돈가스보다 상당히 두툼하다. 두 배 정도 될까. 한 입 베어 물면 육즙이 입 속에 부드럽게 스며든다. 바삭하면서도 고소한 맛이 여느 돈가스보다는 한 수 위다. 기름 맛도 깨끗하며, 과하지 않은 소스는 고기와 튀김 맛을 잡아준다.

돈가스를 다 먹고 나면 애플민트, 로즈메리 등의 허브 차를 테이크아웃해서 가져갈 수 있는데 마당에서 직접 기른 것들로 만든 차다. ▲

자리가 협소해 따로 예약을 받지 않는다. 대기시간에는 느긋한 마음으로 한적한 마을을 구경하는 것도 좋다.

여행작가가
추천하는 바로 그곳
서북부

기암괴석이 빚어낸 아름다움
1 한담해변산책로

제주 북서부 끝 애월에서 곽지리의 곽지해수욕장까지 총길이 1.2km의 산책로가 아름다운 해안선을 따라가며 나 있다. 짧은 거리지만 이 길이 지닌 아름다움은 그 길이를 훌쩍 뛰어넘는다. 드넓고 푸른 바다와 선바위, 으뜸바위, 고래바위, 하마바위 등 갖가지 형상을 한 기암괴석들이 어우러져 오직 제주에서만 볼 수 있는 풍경을 빚어낸다. 길은 평탄하고 여유로워 가족 혹은 연인과 함께 손을 꼭 잡고 걷기에 좋다. 천천히 걸어도 한 시간이 채 걸리지 않는다. 주변에는 문어라면으로 유명한 '놀맨'과 푸른 바다와 함께 커피를 마실 수 있는 '카페 봄날'이 자리 잡고 있다. 길 끝에 자리한 곽지해수욕장(곽지과물해변)에서는 '과물노천탕'을 볼 수 있다. 『표해록』을 쓴 장한철을 기리기 위해 산책로 입구에 표지석을 세워 '장한철산책로'로 불리기도 한다. 한담마을에서 태어난 장한철은 1770년 12월 25일 과거시험을 보기 위해 배를 타고 가다 풍랑을 만나 오키나와에 표착했는데, 한양을 거쳐 귀향할 때까지의 일들을 『표해록』이라는 책으로 적어 남겼다.

| add. 제주시 애월읍 애월리

제주 7대 건축물
2 제주현대미술관

숲 해설사와 함께하는 숲 산책
3 환상숲

　한경면 저지마을 안에 자리한 근사한 미술관. 현무암으로 외벽을 마감한 건물에서부터 제주 색이 도드라지게 드러난다. 틈틈이 공간을 주어 현무암을 표현했고 바람이 마음대로 드나들도록 했다고 한다. 현무암의 특징을 잘 표현해 '제주 7대 건축물'에 선정되기도 했다. 미술관은 본관과 분관으로 나뉘며 상설전시실에서는 한국 원로 화가인 김홍수 화백과 박광진 화백의 작품을 만날 수 있다.

　곶자왈은 제주에서만 볼 수 있는 숲으로 숲을 뜻한 '곶'과 돌과 가시나무로 이루어진 들판을 뜻한 '자왈'이 합쳐진 말이다. 난대식물과 한대식물이 함께 자라는 특이한 형태로 제주에는 한경-안덕, 조천-함덕, 애월, 구좌-성산 등 4개의 곶자왈 지대가 있다. 그중 한경면에 자리한 '환상숲'은 사유지로 입장료를 내야 탐방이 가능하다. 해설사의 재미있는 해설을 들으며 따라다니다 보면 시간이 어떻게 가는지 모른다.

add. 제주시 한경면 저지리 2114-63
tel. 064-710-7801
open. 09:00~18:00, 7~9월 ~19:00 (수요일 휴관)
fee. 성인 1,000원, 청소년 500원

add. 제주시 한경면 저지리 2848-2
tel. 064-772-2488
open. 09:00~19:00, 동절기 ~17:00 (일요일 휴관)
fee. 성인 5,000원, 어린이 4,000원

푸른 바다로의 드라이브
4 하귀-애월해안도로

제주를 한눈에 담다
5 금악오름

해안도로 드라이브는 제주 여행의 필수 코스다. 교통체증 없이 시원하게 달릴 수 있는 도로는 무엇과도 바꿀 수 없는 제주만의 자랑이다. 바다를 따라 달리다 보면 푸른색 바다와 검은 현무암, 빨간 등대가 어우러져 만들어내는 이국적인 정취에 감탄사가 절로 나온다. 하귀-애월해안도로는 해안선을 따라 구불구불 이어지는 9km의 코스로 멋진 드라이브를 즐길 수 있다. 자전거 전용도로가 있어 스쿠터를 타거나 산책을 즐기기에도 좋다.

금악오름은 '금오름, 검오름, 검막오름' 등으로 불리기도 한다. 해발 427.5m로 서부 중산간에서도 비교적 높은 오름에 속한다. 하지만 자동차를 이용해 정상까지 올라갈 수 있다. 정상까지 시멘트 포장길이 나 있는데 경사가 급하고 외길이라 운전에 각별한 주의를 기울여야 한다. 정상에 오르면 한라산과 비양도, 금악마을, 블랙스톤골프장이 내려다보인다. 패러글라이딩을 즐기는 이들도 자주 찾는다.

| add. 제주시 애월읍 고내리

| add. 제주시 한림읍 금악리 산1-1

제주 속 이국적 풍경
6 이시돌목장 테쉬폰

가장 아름다운 숲
7 저지오름

　스페인 성인의 이름을 딴 이시돌목장은 아일랜드 출신의 패트릭 제임스 맥그린치 신부가 1961년 제주 도민의 자립을 돕기 위해 만든 목장으로 지금은 소와 말 등을 사육하고 있다. 목장에는 돌로 만들어진 폐 건물이 서 있는데, 테쉬폰으로 불린다. 이라크 바그다드 인근 테쉬폰 지역의 건축양식이라 해서 이름이 붙여졌다. 둥그런 곡선 형태 지붕의 오래된 폐건물과 그 옆을 지키고 있는 앙상한 나무가 어울려 이국적인 풍경을 빚어낸다.

add. 제주시 한림읍 금악리 142
tel. 064-796-0396

　해발 239m로 마을에서 정상까지 쉬엄쉬엄 걸어서 왕복 1시간 30분이면 충분하다. 저지오름은 숲이 좋은 오름으로 220여 종 2만여 그루의 나무가 빼곡해 2007년에는 '아름다운 숲 전국대회' 대상을 받기도 했다. 왕초피나무, 예덕나무, 좀작살나무, 가막살나무, 합다리나무, 까마귀베개 등 이름도 낯선 나무들이 빼곡하다. 정상 전망대에 오르면 차귀도와 비양도, 산방산, 송악산, 가파도, 마라도 등이 손에 잡힐 듯 가깝고 뒤로는 한라산이 크게 서 있다.

add. 제주시 한경면 저지리 산51
tel. 064-710-6072

알록달록 동심의 세계로
8 하가리 더럭분교

숲 속을 지나는 승마체험
9 제주승마공원

돌담길이 아름다운 하가리는 '제주스러움'을 그대로 간직하고 있는 동네다. 잘 보존된 초가집과 방앗간, 제주에서 가장 큰 봉천수 연못인 '연화지', 건강한 베이커리 '카페 바람소리'가 있는 곳이다. 더럭분교는 하가리에서 가장 유명하다. 아이들의 꿈처럼 알록달록하게 칠해진 학교 교정을 걷고 있노라면 마음까지 천진난만해진다. 하지만 이곳은 관광지가 아닌 학교이므로 개방 시간이 정해져 있으니 유의할 것!

add. 제주시 애월읍 하가리 1580-1
tel. 064-799-0515
open. 18:00 이후, 토요일 13:00 이후
　　　공휴일 09:00~일몰 시

30만 평의 드넓은 초원에서 승마체험을 해볼 수 있다. 시간과 코스에 따른 다양한 승마체험 코스와 40km의 외승 코스를 갖추고 있다. 궤물오름, 노꼬메오름 등 오름과 울창한 숲이 어울려 승마의 재미를 한껏 느끼게 해준다. 초원의 끝자락에는 예쁜 쌍둥이 나무가 서 있는데, 사진 찍기에 좋은 포인트다. 부부 승마 아카데미, 어린이 승마 캠프 등 다양한 체험 코스도 준비되어 있다.

add. 제주시 애월읍 유수암리 1175
tel. 1544-9506
open. 09:00~18:00, 야간 18:00~22:00(월요일 휴원)
fee. 3만~10만원

photo essay

제주, 예기치 못한 행운

검은 현무암으로 쌓은 돌담을 따라 걸어가다 보면
골목 끝에는 가끔 생각지 못한 행운처럼 카페가 서
있곤 했다.
아주 오래전부터 나를 기다리고 있었다는 듯
그 자리에 서 있는 카페.
문을 열면 향긋하고 아득한 커피 향이 밀물처럼 밀려왔고,
나는 비로소 현실을 떠나왔다는 사실에 안도했다.

Part. 3

제주를 좀 아는 당신을 위한
서남부

대정읍 | 안덕면

옥돔식당

가장 제주스러운 음식
보말칼국수

add. 서귀포시 대정읍 하모리 1067-23 : tel. 064-794-8833
open. 10:00~16:00, 첫째·셋째 수요일 휴무
menu. 보말칼국수 7,000원, 보말국 8,000원
tip. 재료가 떨어지면 일찍 문을 닫는다.

가장 제주스러운 식재료를 꼽으라면 단연 보말이다. 국, 칼국수, 수제비, 파스타, 부침개 등 못해 먹을 음식이 없는 것이 바로 보말이다. 제주 사투리로 '수두리(소도리)'로 불리는 보말은 썰물 때는 갯바위 인근에서 채취할 수 있지만 밀물 때 해녀들은 수심 1~2m 정도까지 들어가 잡기도 한다.

'옥돔식당'은 보말칼국수로 이름 높은 집이다. 다시마를 함께 넣어 깊고 진한 국물을 우려낸 다음, 손으로 반죽한 칼국수 면을 넣고 유부와 김가루, 고추, 미역 등을 고명으로 올려 한소끔 끓여낸다. 주문 즉시 만들기 때문에 먹으려면 15분 정도는 기다려야 한다.

꼬들꼬들하고 쫄깃한 면이 식욕을 자극한다. 국물은 걸쭉하면서 시원해 먹으면 '캬~' 하는 소리가 절로 나온다. 그냥 먹어도 충분히 맛있지만 반 정도 먹다가 밑반찬으로 나오는 콩나물이나 김치, 매운 고추 썬 것을 칼국수에 넣어 먹는 것도 맛있다. 최근 케이블 TV 프로그램 「수요미식회」에 나오면서 한층 더 유명해져 줄 설 각오를 해야 한다. ▲

모슬포항 재래시장 사잇길로 쭉 가다 보면, 2층 건물 옆면에 '보말칼국수'라고 적힌 건물이 나온다.

부두식당

매콤달콤한 갈치조림 한 상

add. 서귀포시 대정읍 하모리 770-7 : tel. 064-794-1223
open. 08:30~22:00(주문 20:30까지) : menu. 갈치 · 고등어 · 우럭 조림 2만 5,000~3만 5,000원
tip. 저녁이면 길게 줄이 늘어서니 예약하는 것이 좋다.

모슬포항 앞에 늘어선 식당들은 하나같이 평범해 보이지만 보통 집들이 아니다. 대부분 직접 잡은 신선한 회를 맛볼 수 있고, 특히 겨울철이면 방어를 먹으려는 이들로 문턱이 닳을 정도다. 이들 집들 모두가 조림을 잘한다. '물꾸럭식당', '덕승식당', '부두식당' 등 저마다 독특한 비법으로 여행객과 현지인들을 불러들인다. 갈치조림이며 객주리(쥐치)조림, 방어조림, 우럭조림 등 하나같이 맛있다.

특히 갈치조림은 부두식당과 덕승식당이 유명한데 두 집의 스타일이 좀 다르다. 덕승식당이 먹기 알맞게 졸여서 나오는 스타일인 반면 부두식당은 가스레인지에 졸여가면서 먹는 스타일이다. 그래서 국물이 약간 많다.

부두식당의 갈치조림에는 갈치 한 마리가 다 들어가 있을 정도로 양이 푸짐하다. 보글보글 끓이다 보면 무와 감자에 진한 양념이 자작하게 밴다. 특이하게도 소면을 같이 주는데, 다 먹고 난 후 남은 국물에 이 소면을 넣고 비벼 먹으면 그 맛이 기막히다. 각종 물회와 고등어구이도 맛있어 식사를 즐기기에 좋다. ▲

소박한 내외부 모습답게 현지인들이 즐겨 찾는 곳이다.

산방식당

가슴속까지 시원해지는 맛

add. 서귀포시 대정읍 하모리 864-3 : tel. 064-794-2165
open. 11:00~18:00 : menu. 밀면 6,000원, 수육 1만원
tip. 최근 제주시에 2호점이 문을 열었다.

부드러운 육질의 수육과 매콤한 비빔냉면도 인기다.

부산 못지않게 밀면을 많이 먹는 지역이 바로 제주도다. 유명한 밀면집이 몇 군데 있는데, 하나같이 식사시간마다 줄이 길게 늘어선다. 1971년 문을 연 '산방식당'은 밀면으로 '한가락' 하는 집으로 제주 밀면집 중 가장 앞자리를 차지한다고 해도 과언이 아니다. 지금까지 2대째 이어오고 있다.

부산 밀면이 밀가루와 고구마 전분, 감자 전분 등을 배합하는 반면, 제주도의 밀면은 100% 밀가루를 사용하며 면이 상당히 굵은 것이 특징이다. 제주도의 고기국수가 중면 이상의 굵은 면을 사용한다는 것을 감안하면 산방식당의 면발에도 고개가 끄덕여진다.

육수도 약간 다르다. 소 사골이나 닭, 돼지 뼈 등에 각종 약초와 채소 등으로 만드는 부산 밀면과는 달리 멸치와 디포리를 사용하거나 돼지고기 살로 육수를 만든다. 매운맛을 기본으로 신맛과 달콤한 맛이 적절하게 어우러져 있다.

한 젓가락 면발을 수북하게 집어 먹어본다. 밀가루로 만들었지만 밀가루 냄새가 거의 나지 않으며, 식감은 쫄면과 비슷하다. 매콤새콤한 육수와 탄력있는 면발이 어우러져 부산 밀면과는 또 다른 매력을 느낄 수 있다. ▲

덕승식당

얼큰하고 칼칼한
갈치조림 한 냄비

add. 서귀포시 대정읍 하모리 770-3 ː tel. 064-794-0177
open. 08:00~22:00, 화요일 휴무
menu. 갈치조림 1만원, 우럭·객주리·아나고 조림 9,000원, 고등어조림 8,000원
tip. 2인분 이상 주문해야 하며, 공깃밥은 별도다.

모슬포항에 자리한 '덕승식당'은 갈치조림과 우럭 매운탕, 방어회로 유명하다. 모슬포 먹자골목을 쭉 따라 들어가면 갈치조림으로 유명한 '부두식당'과 나란히 서 있다. 예전엔 제주 도민들이 주로 찾는 식당이었지만 지금은 여행객들도 많이 찾는다. 방어로 유명한 모슬포답게 겨울이면 방어회도 많이 찾는다.

덕승식당은 가게 주인이 운항하는 '덕승호'에서 직접 잡은 활어를 가져와 음식을 만든다. 이곳의 인기 메뉴는 갈치조림이다. 얇게 썬 무를 냄비 바닥에 넉넉하게 깔고, 그 위엔 통통한 갈치 토막을 듬뿍 얹었다. 고춧가루의 칼칼함과 갈치 살의 달콤한 맛이 어우러져 일품이다. 갈치 살을 발라서 양념이 깊게 밴 무 한 조각과 함께 먹으면 밥 한 공기 정도는 게 눈 감추듯 사라진다.

우럭 매운탕도 맛있다. 자연산 생물이라 살도 탄탄하고 실하며, 국물도 시원해 속풀이용으로 좋다. 좌식 테이블도 있어 아이와 함께 찾기에도 좋다. 단, 자리가 좀 좁다는 점은 알아두자. ▲

갈치조림과 우럭 매운탕이 유명하지만 제철엔 방어회도 좋다.

산방산초가집

싱싱한 해산물이 가득한
전복해물전골

add. 서귀포시 안덕면 화순리 421-1 ˙ tel. 064-792-0688
open. 10:00~21:00, 첫째 · 셋째 수요일 휴무
menu. 전복해물전골 4만 5,000원(2인) · 5만 5,000원(4인), 암흑돼지스페셜 4만 2,000~7만 4,000원.
tip. 공깃밥 별도 주문. 반찬과 음식에 조미료를 일절 사용하지 않는다.

'산방산초가집'은 제주의 흑돼지와 싱싱한 해물을 함께 맛볼 수 있는 곳이다. 돼지고기를 주문하면 새우와 전복 등 싱싱한 해산물도 함께 내준다. 암퇘지만을 사용해 돼지 특유의 냄새가 적다. 두껍게 썰어 내는 목살구이는 쫄깃하면서도 담백하다.

전복해물전골도 강추. 일단 전복이 수북하게 올라간 화려한 비주얼에 압도당한다. 전복 아래에는 미나리가 깔려 있고, 그 아래 낙지, 홍합, 꽃게, 새우 등 싱싱한 해산물이 푸짐하게 담겨 있다. 끓을 때쯤이면 주인이 와서 먹기 좋게 손질을 해준다.

해산물도 해산물이지만 된장과 야채로 만든 육수가 정말 맛있다. 짜지 않고 간도 적당해 바닥이 드러날 때까지 숟가락질이 멈추질 않는다. 식탁에 오르는 모든 반찬도 맛깔나다. 전복해물전골을 주문하면 고등어구이도 서비스로 준다. 서비스지만 결코 작지 않고, 살도 꽉 차 있다. ▲

전통 한옥식 인테리어지만 넓은 홀이 있어 가족 여행자들에게도 좋다.

산골숯불왕소금구이

제대로 맛보는 두툼한 목살구이

add. 서귀포시 안덕면 동광리 525-3 ː tel. 064-794-3534 ː open. 16:00~20:30, 목요일 휴무
menu. 흑돼지 목살 1인분(200g) 2만 2,000원. 칡냉면 7,000원
tip. 전화 문의 후 방문 필수. 블루리본 서베이 추천 맛집이다.

제주를 찾는 여행객들이 꼭 한 번은 먹는 것이 바로 회와 흑돼지구이다. 인터넷에 '제주 흑돼지'를 치면 맛집이 수두룩하게 검색된다. '맛있다'고 평하는 집이 워낙 많아서 '결정장애'가 있는 사람은 어느 집을 가야 할지 망설이게 된다.

횟집의 경우 인터넷 검색으로 찾았다가 실망하는 경우가 가끔 있는데, 흑돼지구이 집은 90% 이상이 만족하는 편이다. 인터넷에 웬만큼 맛집으로 알려진 흑돼지구이 집은 여간해서는 실망시키지 않는다. 어느 집을 가더라도 기본은 한다는 뜻이다.

이는 흑돼지라는 고기 자체가 우리가 육지에서 먹는 고기와는 품종이 다르기 때문이다. 제주 흑돼지는 일제강점기 때 들어온 버크셔(berkshire)의 잡종이다. 일반적으로 우리가 먹는 돼지는 요크셔로 흰색 돼지인데, 버크셔는 검은색이다. 근육 내 수분 함량이 낮고, 지방이 촘촘해 그만큼 육질이 부드럽다. 거기에 제주도 특산인 '멜젓'에 고기를 찍어 먹으니 맛있을 수밖에 없다. 그러니 흑돼지구이 집은 일부러 멀리 갈 필요 없이 숙소에서 가장

중산간 마을 깊숙이 위치하고 있어 얼핏 보면 가정집 같다.

멜젓은 요청하는 경우에만 준다. 마당이 넓어 아이들이 뛰어
놀기에도 좋다.

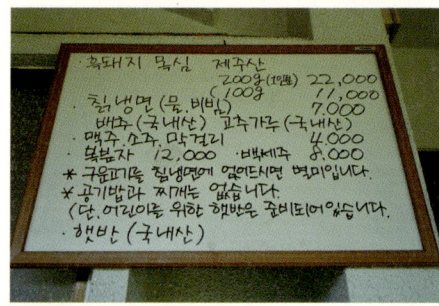

가까운 집을 선택하는 것도 좋은 방법이다.

'산골숯불왕소금구이'는 이름만 봐도 '산골'에 위치하고 있으며, '숯불'을 이용해 돼지고기 '구이'를 내는 집. 양념은 없고 '왕소금'을 팍팍 뿌려 주는 소금구이 전문점이라는 것을 짐작할 수 있다. 중산간 자락의 마을 깊숙이 위치하고 있어 내비게이션 없이는 찾아가기가 다소 어렵다.

실내는 그다지 넓은 편이 아니다. 테이블 7개 정도에 방이 있다. 홀 가운데 커다란 화목난로가 놓여 있다. 벽에 걸린 화이트보드에는 메뉴가 단출하게 적혀 있다. 흑돼지 목살과 칡냉면, 그리고 몇 가지 주류와 음료수가 전부다. 찌개를 팔지 않으며, 공깃밥 대신 햇반을 내준다는 것도 특이하다. 고기를 주문하면 기본찬으로 김치와 마늘, 고추 썬 것 등이 나오지만 멜젓은 달라고 해야 내준다는 것을 알아두자.

고기가 나오면 '와' 하는 소리가 절로 나온다. 두툼한 고기는 보기에도 먹음직스럽다. 위에는 쌀알 같은 왕소금이 뿌려진다. 고기를 보고 나면 이 집 이름이 왜 '산골숯불왕소금구이'인지 고개가 끄덕여진다.

'고기를 어떻게 굽지' 하는 걱정은 하지 않아도 된다. 주인이 직접 고기를 잘 구워서 먹기 좋게 잘라 준다. 맛은 어떨까. 씹는 순간 입 안에 육즙이 가득 퍼진다. 비계 부분도 쫄깃하니 맛있다. 멜젓이 끓기를 기다렸다가 듬뿍 찍어 먹으면 '이게 바로 제주 흑돼지구나' 하는 생각이 든다.

마무리는 칡냉면을 추천한다. 비빔칡냉면을 시킨 다음 냉면에 남은 고기 한 점을 얹어 먹으면 그것 또한 별미다. ▲

42

비오토피아 레스토랑

커다란 새우튀김이 압권인
튀김우동

add. 서귀포시 안덕면 산 62-3 : tel. 064-793-6000 : open. 12:00~22:00
menu. 왕새우 튀김우동 정식 2만 3,000원, 가리비그라탱 1만 5,000원, 치즈피자 2만 7,000원
tip. 비오토피아는 포도호텔에 숙박하거나 레스토랑 예약을 해야만 입장이 가능하다.

제주를 즐기는 가장 좋은 테마 중 하나는 바로 '예술'이다. 제주 곳곳에는 안도 다다오와 이타미 준, 승효상 등 거장 건축가의 건축물이 있다. 방주교회와 본태박물관, 추사관 같은 건축물이 제주의 자연과 어울려 어떤 풍경을 빚어내는지 보는 것도 제주 여행의 또 다른 즐거움이다.

이타미 준(유동룡 · 1937~2011년)은 제주를 사랑한 예술가 중 한 명이다. 중산간 자락에 자리한 방주교회는 자연의 소재인 흙, 나무, 철 등을 즐겨 사용한 이타미 준의 건축 방식이 잘 나타나 있다. '건축은 가슴으로 하는 것'이라는 이타미 준의 예술관을 그대로 보여 준다.

방주교회 근처에 위치한 '비오토피아 레스토랑'에서는 이타미 준의 또 다른 역작인 물박물관과 바람박물관을 만날 수 있다. 이타미 준이 설계한 116동 규모의 타운하우스도 예술적인 건축물이다. 미술관은 물과 하늘과 땅이 어떻게 아름답게 조화를 이루는지를 보여 준다. 벽은 사각형이지만 하늘을 향해서는 둥글게

한우 안심스테이크, 가리비그라탱도 맛있다. 제철에는 방어회도 맛볼 수 있다.

사유지이기 때문에 포도호텔과 비오토피아 레스토랑 이용객들에게만 4개의 박물관(바람, 물, 두손, 돌)을 개방하고 있다.

뚫려 있다. 조용히 떨어지는 물소리를 들으며 물에 비치는 하늘을 바라보고 있으면 가슴 한편이 울컥해진다.

바람박물관은 숭숭 뚫린 나무 건물 안으로 들어오는 바람이 빚어내는 미묘한 소리를 온전히 느낄 수 있도록 설계됐다. 돌 위에 가만히 앉아 있으면 바람의 노래가 들리는 것 같다. 내부의 나무가 검게 칠해져 있어, 시각보다는 청각이 예민해진다. 그러다 보니 자연스럽게 바람의 소리에 집중할 수 있다.

하지만 비오토피아의 물박물관과 바람박물관에 가려면 비오토피아 레스토랑을 거쳐야 한다. 원래 비오토피아 미술관은 타운하우스 입주자를 위한 공간이어서 일반인 출입이 통제되었다. 하지만 2010년 SK네트웍스가 비오토피아를 인수한 뒤, 레스토랑 손님에 한해 내부를 개방하고 있다.

비오토피아 레스토랑은 왕새우 튀김우동이 유명하다. 우동에 보통 크기가 아닌 새우 한 마리가 풍덩 빠져 있는데, 깨끗한 기름에 바삭하고 노릇하게 튀겨진 새우를 한입 먹으면 '돈이 아깝지 않다'는 생각이 든다. 성게 크림파스타, 육즙이 살아 있는 흑돼지 목살 스테이크, 제주 유채꿀을 곁들인 피자 등도 먹을 만하다.

식사 후 비오토피아를 산책하며 미술관을 천천히 관람하면 된다. 미술관 입장료가 포함됐다고 생각하면 음식값이 비싼 편은 아니다. 보안 문제로 해가 진 이후에는 미술관 관람이 불가능하니 참고하자. ▲

용왕난드르 향토음식

속이 확 풀리는 보말수제비

add. 서귀포시 안덕면 창천리 876-11 ː tel. 064-738-0715 ː open. 09:00~19:00
menu. 보말죽 1만원, 보말수제비 7,000원
tip. 올레길 8코스의 끝, 9코스의 시작 지점에 위치한다.

마을 부녀회에서 운영하는 곳으로 엄마가 차려주는 집밥같이 소담스럽다.

안덕면 대평리는 올레 8, 9코스가 지나는 작은 마을이다. 개성 넘치는 카페와 게스트하우스가 밀집해 있어 자유 여행자들에게 큰 인기를 얻고 있다.

대평리 입구에 자리한 '용왕난드르 향토음식'은 대평리를 찾은 여행자들이 반드시 들르는 곳이다. 제주의 향토 상차림을 즐길 수 있는 식당으로 제주 앞바다에서 잡은 싱싱한 해산물을 기본으로 음식을 선보인다. 특히 보말수제비 인기가 좋은데 보말을 참기름에 달달 볶아 국간장으로 간을 맞추고, 수제비를 뜯어 넣은 보말수제비는 고소하면서도 진한 맛이 일품이다.

보말은 '고둥'을 일컫는다. 옛날 제주도에서는 부족한 단백질을 보말로 보충했다고 한다. '보말도 궤기(고둥도 고기다)'라는 제주도 속담이 있을 정도다. 비록 보말이 흔하고 하찮은 작은 조개에 불과하지만 단백질이 많으니 하찮게 여기지 말라는 뜻이다. '난드르'는 '넓은 들'을 뜻하는 제주 사투리다.

보말수제비 한 그릇으로 배를 채우고 제주의 비경인 박수기정과 군산오름에 올라보자. 제주 속 진짜 제주를 만날 수 있다. ▲

스테이위드커피

대한민국 최남단 로스터리 카페

add. 서귀포시 안덕면 사계리 2147-1 ㅣ tel. 010-5240-5730
open. 09:00~22:00, 수요일 휴무 ㅣ menu. 커피 5,000~1만원
tip. 카페에서 바라보는 해안의 절경이 더할 나위 없이 멋지다.

커피를 시키면 작은 에스프레소 잔에 상대방의 커피도 맛볼 수 있게 따라준다. 커피교실도 운영한다.

아름다운 사계의 해안을 더 아름답게 만들어 주는 건 이곳에 위치한 근사한 핸드드립 카페 '스테이위드커피'다. 억대 연봉을 받던 IT기업의 이사였던 주인장은 여느 올레꾼처럼 올레 코스를 걸었고, 그러다 제주에 빠졌다. 수많은 올레길 가운데 가장 마음에 들었던 올레 10코스에 카페를 내기로 결심하고 미련 없이 회사를 그만뒀다. 이후 전국의 유명 카페를 순례하고 바리스타 전문 과정에 등록, 모든 정성과 열정을 쏟아부었다. 그렇게 2년의 준비 과정을 거쳐 지금의 스테이위드커피가 탄생했다.

카페 곳곳에 나지막한 책장에는 에세이와 여행 관련 서적이 가득 꽂혀 있다. 메뉴판에는 각 원두별로 쓴맛, 신맛, 단맛의 정도를 커피콩 개수로 표시했기 때문에 커피를 잘 모르는 이라도 쉽게 고를 수 있다. 로스팅한 원두도 구입할 수 있다.

허리를 숙여 주전자를 잡고 조심스럽게 커피를 내리는 모습이 진지하다 못해 경건해 보이기까지 한다. "고작 커피 한잔 내리는 데 어떻게 이렇게 집중할 수 있을까?" 하고 물으니 "정성을 다하는 만큼 커피 맛이 좋아진다."는 답변이 돌아온다. 제주 사계리 해안을 찾는다면 꼭 한번 가보기를 추천한다. ▲

여행작가가
추천하는 바로 그곳
서남부

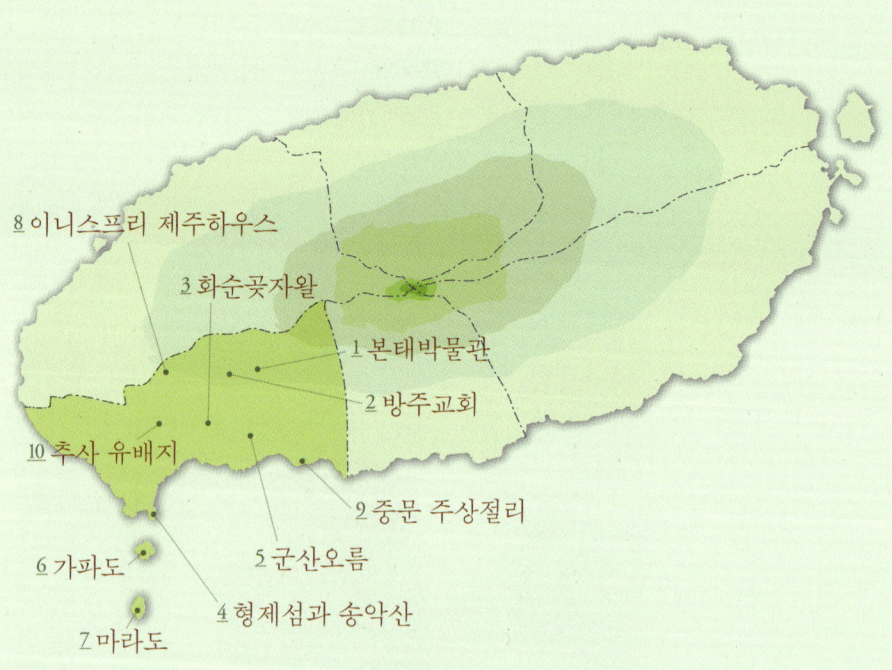

8 이니스프리 제주하우스
3 화순곶자왈
1 본태박물관
2 방주교회
10 추사 유배지
9 중문 주상절리
5 군산오름
6 가파도
4 형제섬과 송악산
7 마라도

제주 본래의 아름다움을 간직한
1 _ 본태박물관

방주를 닮은 교회
2 _ 방주교회

프랑스어로 '아름다움을 찾아서', 우리말로 '원래의 모습'을 뜻하는 본태박물관은 건축계의 노벨상으로 불리는 프리츠커상을 수상한 세계적인 건축가 일본의 안도 다다오가 직접 설계했다. 한국 전통 수공예품과 목공예, 소반, 보자기류 등을 전시한다. 서는 초롱, 각종 신발류, 평교자, 사인교, 기미발 등 조선시대 남녀 나들이 용품을 비롯해 청자, 백자, 토기 등 각종 도자기류도 감상할 수 있다.

add. 서귀포시 안덕면 상천리 380
tel. 064-792-8108
open. 10:00~18:00(월요일 휴관)
fee. 성인 1만 6,000원, 청소년 1만 1,000원

중산간 자락에 자리한 방주교회는 이타미 준의 대표작. 흙과 나무, 철 등을 즐겨 사용한 이타미 준의 건축 방식이 그대로 드러난다. 푸른 하늘을 이고 물 위에 떠 있는 교회 건물은 새로운 세상을 향해 떠나가는 방주를 닮았다. 은빛 철제 지붕과 나무 외벽, 세로로 촘촘히 난 통창으로 이루어진 건물은 경건함 그 자체다. 건물을 한 바퀴 돌다 보면 '이렇게도 주변 환경과 어울리는 건물이 있을까' 하는 생각이 든다.

add. 서귀포시 안덕면 상천리 427
tel. 064-794-0611
open. 10:00~12:00·13:00~16:00(토요일 오전 개방)

숲의 정령이 깃든 신비
3 화순곶자왈

병악(골른오름)에서 시작해 화순리까지 약 9km에 걸쳐 분포되어 있다. 멸종 위기에 있는 개가시나무, 새우난, 더부살이고사리와 세계적 희귀종인 긴꼬리딱새, 제주 휘파람새 등 50여 종의 동식물이 서식하고 있다. 거대한 상록 활엽수와 덩굴식물들이 한데 어우러진 곶자왈의 풍경은 마치 '숲의 정령'이 깃들여 있을 것 같은 신비스러운 모습이다. 화순곶자왈은 길이 평탄해 아이들이 걷기에도 좋다.

l add. 서귀포시 안덕면 화순리

일출을 보며 즐기는 드라이브
4 형제섬과 송악산

사계 포구에서 1.5km가량 떨어진 바다에 솟은 2개의 바위섬. 두 섬이 형제처럼 나란히 마주 보고 있다고 해서 '형제섬'이라고 불린다. 새벽녘 불을 밝히는 어선의 행렬이 사라질 때쯤 형체를 드러내는 태양의 모습은 그야말로 장관이 따로 없다. 일출을 본 후 송악산까지 해안 드라이브를 즐겨도 좋다. 높이는 104m밖에 되지 않는 키 작은 산이지만 벼랑 앞에 서면 시원스레 탁 트인 바다 너머 마라도와 가파도가 손에 잡힐 듯이 둥실 떠 있다.

l add. 서귀포시 안덕면 사계리 산 44

제주를 내려다보다
5 군산오름

파랗게 일렁이는 청보리 물결
6 가파도

산방산과 함께 제주 서남부 지역을 대표하는 오름이다. '정상에 오르면 제주도의 1/4을 볼 수 있다'는 말을 들을 정도로 사방이 탁 트인 빼어난 경관을 자랑한다. 정상에서는 모슬봉과 송악산, 수월봉, 산방산 등이 훤히 내려다보인다. 안덕계곡과 대평리 사이의 좁은 도로를 이용하면 정상 턱밑까지 차를 타고 갈 수 있어 큰 수고를 들이지 않아도 쉽게 정상에 오를 수 있다. 차에서 내려 5분이면 정상에 도착한다.

모슬포항에서 가파도까지는 뱃길로 5.5 km, 20분 정도 배를 타고 가면 가파도에 닿는다. 섬이 작아 전체를 돌아보는 데 1시간이면 충분하다. 섬을 돌아보는 약 5km 구간의 길이 '올레 10-1코스'로 조성됐는데, 오르막길도 없고 일부 구간에 황톳길이 깔려 있어 아이들과 함께 걷기에도 안성맞춤이다. 청보리가 파랗게 일렁이는 봄이 가장 아름답다.

| add. 서귀포시 안덕면 창천리 564

| add. 서귀포시 대정읍 가파리

대한민국 최남단 섬
7 마라도

둘레 4.2km, 면적 9만여 평의 이 작은 섬은 앙증맞고 다정하다. 마라도를 일주하는 데 1시간이면 충분하다. 바다에 둘러싸인 초원을 걷는 기분이 남다르다. 섬의 남쪽에 최남단비가 서 있는데, 이곳이 바로 국토의 끝이자 시작이다. 최남단비에서 마라도 등대로 가는 길에는 초원이 끝없이 이어진다. 새하얀 건물이 인상적인 마라도 등대는 건물 자체로도 예쁘지만 남지나해로 나가는 모든 배에도 꼭 필요한 존재다.

▎add. 서귀포시 대정읍 마라도

제주를 닮은 공간
8 이니스프리 제주하우스

세계적인 건축가 조민석 소장의 건축물이다. 너와지붕과 돌담이 어울려 특유의 제주 분위기를 만들어낸다. 이니스프리에서 만든 다양한 화장품을 저렴하게 판매한다. 녹차, 화산송이 등을 이용한 비누 체험이 인기 있다. 제주의 유기농 식재료로 만든 음식도 맛보자. 해녀들의 도시락을 재해석한 '제주 해녀바구니 브런치', 제주의 오름을 닮은 '제주 감귤 오름 빙수' 등 독특한 음식이 가득하다.

add. 서귀포시 안덕면 서광리 1235-3
tel. 064-794-5351
open. 09:00~18:00

자연이 조각한 절경
9 중문 주상절리

추사의 예술이 완성된 곳
10 추사 유배지

　주상절리는 화산 폭발 때 분출된 용암이 바닷가로 흘러와 물과 만나 급격하게 수축하면서 만들어진 육각형 또는 사각형 형태의 기둥을 말한다. 제주 곳곳에 주상절리가 있지만 제주 중문단지 안에 있는 대포주상절리가 가장 규모가 크다. 전망대에 서면 누군가 조각을 해놓은 것 같은 육각형의 기둥이 겹겹이 쌓여 있다. 검은 기둥에 파도가 하얗게 부서지는 모습이 장관을 연출한다.

add. 서귀포시 중문동
tel. 064-738-1521
open. 08:00~18:00 (일몰시간에 따라 변경)

　추사는 1840년 대정현으로 유배를 와 고독한 시간을 보냈다. 대정읍성에 둘러싸인 추사 유배지는 추사의 고독한 시간을 고스란히 재현해 놓은 곳이다. 안거리(안채), 밖거리(사랑채), 모거리(별채)로 이루어진 현재의 초가집은 고증을 거쳐 1984년에 복원했다. 유배지 옆에는 추사의 서찰과 글씨, 기록들을 모은 전시장인 '추사관'이 있다. 추사관은 한국 건축의 거장 승효상이 설계한 것으로 「세한도」를 그대로 옮겨 놓은 듯한 감흥을 전해 준다.

add. 서귀포시 대정읍 안성리 1661-1
tel. 064-760-3406

photo essay

맨발로 걷기

제주에서는 가끔, 맨발로 걷곤 한다.
해변을, 오름을, 곶자왈을.
그럴 때마다 내 이 섬을 알고 있다는 사실이
이 섬을 맨발로 부드럽게 밟을 수 있다는 것이
얼마나 다행스러운지 새삼 깨닫는다.
맨발로 걷다 보면 알게 된다.
때론 맨발로 걷는 일이 우리 삶을 사랑하는
진정한 한 방법이라는 사실을.

Part. 4

또 다른 제주의 매력
서귀포시

동흥동 | 대포동 | 서귀동 | 중앙동 | 하예동

혁이네수산

믿고 먹는 싱싱한
자연산 활어회

add. 서귀포시 동흥동 147 ∶ tel. 064-732-5067 ∶ open. 16:00~24:00
menu. 갓돔회(1kg) 12만원, 도미회 6만원, 광어회 5만원, 한치 물회 1만 2,000원
tip. 방문 전 가능한 회의 종류와 자리가 있는지 확인하자.

완벽한 여행을 완성하는 최고의 방법은 맛있는 음식이라고 생각한다. 특히 제주 여행에서는 더더욱! 흑돼지, 회, 각재기국, 갈치조림 등 출발하는 비행기에서부터 제주에서 맛볼 음식을 생각하면 가슴이 설렌다.

특히 싱싱한 활어회는 제주 여행의 큰 즐거움 중에 하나다. 워낙 해산물이 풍부하게 나는 섬인 만큼 육지에서 맛보기 힘든 다양한 횟감이 즐비하다. 육지에서 흔히 먹는 광어며 우럭은 제주에서는 그다지 인기 있는 횟감이 아니다.

'혁이네수산'은 서귀포시 동홍동의 낡은 주공아파트 단지 초입에 자리한 곳으로 마을 주민들이 주로 찾는 그야말로 동네 맛집이다. 한때 칼호텔 요리사로 근무했던 주인장이 배를 직접 관리하는 곳으로 그날그날 배에서 들어온 싱싱한 자연산 회를 먹을 수 있다. 처음 문을 열었을 때는 양식도 팔았지만 지금은 자연산만 취급한다고 한다.

횟집 앞에 자리한 수조는 속이 훤하게 들여다보일 정도로 깨끗하다. 수족관의 관리 상태를 보면 그 집의 수준을 알 수 있다. 물도 깨끗하고, 흔한 이끼도 없다. 관리가 잘되고 있다는 증거다.

수조에서 손님이 직접 고른 물고기로 회를 떠준다.

회를 시키면 물회와 고등어조림, 지리가 같이 나온다. 부요리 종류는 많지 않지만 하나하나가 맛있어 젓가락이 쉴 새 없다.

실내는 평범하다. 회를 주문하고 앉으니 부요리가 나온다. 상차림은 그다지 화려하지 않다. 조림, 전, 물회, 지리탕, 채소들이 고작이다. 가장 먼저 양은 냄비에 생선 머리와 뼈, 대파를 듬뿍 썰어 넣고 보글보글 끓여낸 조림이 입맛을 돋우어 준다.

이곳에서는 제철에 잡히는 생선을 주로 낸다. 계약한 낚싯배가 많아 자연산 생선 공급에 문제가 없다는 것이 혁이네수산의 장점이다. 도미, 광어, 히라스 등 종류가 다양하고 가격은 4만원에서 12만원 사이다. 자연산이라는 것을 감안한다면 그다지 비싼 것이 아니다. 어떤 회를 시키더라도 회 상태는 최상급이다.

회를 먹고 있는 사이 끊임없이 손님들이 들고 난다. 평범한 차림새로 보아 대부분 현지인들이다. 회를 먹고 나면 끓여 주는 맑은 탕도 일품이다. 오랫동안 끓인 국물이 진하면서도 구수하다. 가끔 포장해 가는 이들도 있다. 지인들과 어울려 그동안 못다 한 이야기를 나누며 소주 한 잔 기울이기에 안성맞춤이다. ▲

회 접시를 앞에 두고 이야기를 나누며, 소주잔을 기울이는 모습이 정겹다.

46

마마롱

달콤하고 부드러운
양과자점

add. 서귀포시 동홍동 104-12 : tel. 070-4119-1074
open. 11:30~21:30, 월요일 휴무
menu. 케이크류 4,500~5,000원, 쿠키류 1,300~1,500원
tip. 건물 주차장 안쪽에 숨어 있다.

'마마롱'은 일본과 서울에서 경력을 쌓은 파티시에가 하나하나 정성스럽게 만든 케이크와 쿠키를 파는 디저트 전문점이다.

가게에 들어서면 맞은편에 쇼케이스가 보인다. 안에는 다양한 조각 케이크와 쿠키들이 진열되어 있다. 앉을 자리 하나 없이 좁은 공간이지만 있을 건 다 있다. 한쪽 벽면은 제주의 전통 대나무 바구니인 '차롱'이 가득 진열되어 아기자기하다.

마마롱의 대표 메뉴는 '마마롱케이크'와 보통 마카롱 두세 배 크기의 '초코롱'과 '마카마롱'이다. 점보 사이즈의 마카롱 안에 초코와 밤필링이 가득 차 있다. 얼그레이 홍차, 말차를 넣어 만든 케이크, 제주 당근을 아끼지 않고 넣어 만든 당근케이크도 많이 찾는다. 진하면서도 부드러운 '레어치즈케이크'도 꼭 맛보자.

매장 내에 케이크를 맛볼 수 있는 공간은 따로 없으며 테이크아웃만 가능하다는 것이 좀 아쉽다. '마마롱(ma maron)'은 프랑스어로 '나의 밤'이라는 뜻이다. ▲

제주의 당근과 녹차를 이용해 만든 당근케이크와 말차케이크도 맛있다. 홀케이크는 미리 예약해야 한다.

가람돌솥밥

향긋한 오분자기 돌솥밥

add. 서귀포시 대포동 747-3 : tel. 064-738-1200 : open. 09:00~22:00
menu. 오분자기 돌솥밥 1만 5,000원, 성게상차림(2인) 7만원
tip. 양이 부족해 보여도 먹다 보면 배가 부르다.

간단한 식사를 즐기고 싶다면 오분자기 돌솥밥과 전복 해물뚝배기가 좋다.

'가람돌솥밥'은 중문을 여행하는 여행객뿐만 아니라 현지인들도 즐겨 찾는 맛집이다. 특히 가족 단위 여행객들에게 좋다. 회를 비롯해 갈치와 고등어조림과 구이, 해물뚝배기 등 메뉴가 다양해 각자 먹고 싶은 음식을 주문할 수 있다.

대표 메뉴는 오분자기 돌솥밥과 전복돌솥밥이다. 오분자기와 전복을 얇게 썰어 쌀 위에 푸짐하게 올리고 압력돌솥으로 밥을 짓는다. 밥이 다 되면 양념장을 넣어 비벼 먹는다. 전복 향과 양념이 어울려 부드럽고도 향긋한 맛을 자아낸다.

테이블 위에 두 개의 양념 통이 있는데, 하나는 양념장, 또 하나는 마가린이다. 마가린을 조금 넣어 비비면, 코끝에 스미는 마가린 향이 자연스레 옛 추억을 떠올리게 만든다. 돌솥에 끓여 먹는 누룽지도 구수하다. 가격 대비 음식 양도 푸짐해 먹고 나면 마음까지 든든해진다. 싱싱한 성게를 제대로 맛보고 싶다면 성게정식을 추천한다. ▲

덕성원

게 한 마리가 통째로 든 짬뽕

add 서귀포시 서귀동 474 · tel. 064-762-2402 · open. 11:00~21:00
menu. 꽃게짬뽕 7,500원, 꿩깐풍기 4만원, 탕수육 1만 6,000원
tip. 중문에 있는 2호점은 서귀포점 주인 아들이 운영한다.

해산물이 풍부한 덕분에 제주의 중국집 짬뽕은 특별하다. 꽃게를 비롯해 각종 해산물이 아낌없이 들어가 있다.

서귀포 천지연폭포 근처 시내에 자리한 '덕성원'은 화교가 3대째 운영하는 중국집으로 100년 가까운 역사를 자랑한다. 주메뉴는 꽃게짬뽕이다. 커다랗고 싱싱한 꽃게 한 마리를 통째로 넣어 국물이 칼칼하면서 감칠맛이 훌륭하다. 수타면은 아니지만 수타보다 낫다는 생각이 든다. 면발은 딱 알맞게 쫄깃쫄깃하다.

꿩깐풍기도 있다. 닭고기보다 더 쫄깃하면서 부드럽게 씹히는 질감이 좋다. 소스는 제주도에서 나는 고구마 가루를 사용하며, 적당히 새콤달콤하다. 같이 곁들여진 배추와 먹으면 더 맛있다. 춘장에 불맛이 고스란히 담긴 짜장면도 수준급이다. 명성이 거저 얻어진 것이 아니라는 사실을 알게 해준다. 중문에 2호점, 아라2동에 3호점이 있다. ▲

메뉴도 다양하고 홀이 넓어 아이들과 함께 식사를 즐기기에도 부담 없다.

관촌밀면

서귀포를 대표하는 밀면집

add. 서귀포시 서귀동 309-27 : tel. 064-732-5585
open. 10:30~19:00, 일요일 휴무
menu. 밀면·고기국수 6,000원, 만두 4,000원, 수육 1만 2,000원
tip. 내부가 비교적 넓어 아이들과 함께 찾기에도 좋다. 전용 주차장이 있다.

오전 10시 30분부터 오픈이라 시간이 애매하다면 근처 서귀포 매일올레시장을 들렀다가 오는 것도 좋다.

모슬포와 제주시 밀면으로 '산방식당'이 유명하다면, 서귀포에는 '관촌밀면'이 유명하다. 이곳은 오랫동안 서귀포 사람들의 사랑을 받아온 집이다. 대표 메뉴는 역시 밀면. 진한 멸치 육수 속에 밀면 한 다발이 푸짐하다.

먼저 국물을 맛보자. 살얼음이 동동 뜬 육수는 입술에 닿자마자 더위를 싹 날려 준다. 식초와 겨자를 넣지 않아도 간이 딱 맞는다. 밀면 특유의 쫄깃함이 살아 있으면서도 질기지는 않아 굳이 가위로 자르지 않고 먹을 수 있다. 사람들이 먹기 딱 좋아하는 탄성을 지니고 있다.

비빔면 역시 맵거나 짜지 않은 양념의 균형이 좋다. 수육은 선도 높은 고기를 알맞게 잘 삶아 식감이 퍽퍽하지 않고 부드럽다. 돼지고기 특유의 누린내도 거의 나지 않는다. 비빔면과 함께 가득 집어 먹으면 별미 중의 별미다.

만두도 먹을 만하다. 얇은 피 속에 다짐육과 야채, 당면이 가득 차 있다. 4,000원에 6개로 가격도 저렴해 밀면과 함께 먹기 좋다. ▲

50

네거리식당

육지에서는 맛볼 수 없는 갈칫국

add. 서귀포시 서귀동 320-9 | tel. 064-762-5513 | open. 07:30~22:00
menu. 갈칫국 1만 1,000원, 갈치구이 2만원
tip. 주차장이 없으니 요령껏 골목에 주차해야 한다.

갈치구이를 주문하면 고등어 한 마리가 서비스로 나온다.

'네거리식당'은 갈칫국을 잘하기로 소문난 집이다. 관광객도 많이 찾고, 현지인들도 많이 찾는다. 갈칫국 하면 열에 아홉은 이 집을 꼽을 정도다. 왠지 비릴 것 같다는 걱정은 접어도 된다. 모든 요리에 신선한 생갈치만 사용하고, 센 불에 빨리 끓이기 때문에 비린내가 없다.

갈치는 단백질 함량이 많고 지방이 알맞게 들어 있는 데다 당질을 함유하고 있어 달짝지근한 풍미를 낸다. 야채를 넣고 멀겋게 끓이지만 청양고추와 소금만으로 간하기 때문에 맛이 깔끔하면서도 시원하다. 금방 끓여 뜨거울 때 먹어야 제대로 맛을 즐길 수 있다.

한술 떠서 맛을 보니 희한하게 소금만 넣고 끓였는데도 국물에 감칠맛이 우러나 있다. 갓 잡아 올린 듯 갈치 특유의 맛이 그대로 살아 있다. 호박 맛과 어우러져 의외로 담백하다. 생선 음식에 마늘 한 쪽도 쓰지 않은 게 신기하다. 갈칫국은 술을 많이 마신 다음날 속풀이용 해장국으로 으뜸이다. 두툼한 갈치구이도 먹을 만하다. ▲

국수와의 미팅

서귀포 고기국수의 지존

add. 서귀포시 중앙동 254-5 : tel. 064-732-5210
menu. 고기국수 6,000원, 멸치국수 5,000원
open. 12:00~14:30, 18:00~24:00, 일요일 휴무
tip. 주차장이 따로 없다. 바로 옆에 '오는정김밥'이 있다.

'국수와의 미팅'은 서귀포에서 고기국수의 최강자로 꼽히는 곳으로, 깊은 맛의 국물이 끝내준다. 내부는 테이블이 여섯 개가 전부고, 메뉴도 멸치국수와 고기국수로 단출하다. 많은 이들이 이 집 육수를 최고로 꼽기도 한다.

제주산 생돼지머리와 어깨살을 오랫동안 푹 삶아 뽀얗게 우려낸 국물 안에 하얀 면발이 다소곳하게 담겨 있고, 그 위에 올려진 오겹살은 부드러워 입에 쩍쩍 달라붙는다. 빨간 고춧가루를 푸짐하게 뿌렸고, 파도 송송 썰어 넣었다. 고기 한 점과 국수를 젓가락으로 가득 집어 맛보면 왜 이 집 고기국수를 최고로 치는지 고개를 끄덕이게 된다. 부드럽고 진득한 맛의 육수와 달면서도 쫄깃한 면발, 부드럽게 삶아진 고기가 아주 잘 어울린다.

다른 고기국수 집과 달리 꽈리고추 멸치볶음이 나온다. 술 한 잔 하고 나서 해장용으로 한 그릇 비우기에도 아주 좋은 집이다. 입맛에 따라 청양고추를 넣어 먹을 수 있다. ▲

'국수와의 미팅'은 현지인들이 추천하는 고기국수 집이다.

오는정김밥

한 번 먹고 나면 잊을 수 없는 김밥

add. 서귀포시 서귀동 254-6 ː tel. 064-762-8927 ː open. 10:00~20:00
menu. 오는정김밥 2,500원, 치즈김밥 3,000원, 참치·깻잎·멸치김밥 4,000원
tip. 전화 예약 필수, 예약 시간 30분 경과 시 취소될 수 있다.

'제주 3대 김밥'으로 다가미김밥, 엉클통김밥, 오는정김밥을 꼽는다. 그중 서귀포 매일올레시장 인근에 자리한 '오는정김밥'은 오직 맛으로 승부하는 집이다. 30년 전통의 김밥집으로 '서귀포 마약 김밥'이라고도 불린다.

오는정김밥은 무턱대고 찾아가 김밥 달라고 했다가는 '없다'라는 대답이 돌아온다. 워낙 유명하다 보니 오직 예약제로만 판매한다. 매장을 방문하기 전 적어도 30분에서 1시간 전에 전화로 미리 예약을 해야 한다. 그것도 두 줄 이상만 예약받고, 오직 포장만 가능하다.

이곳의 김밥은 겉으로 보기에는 별다른 특징이 없다. 하지만 김밥 속에 들어 있는 튀긴 유부 특유의 바삭한 식감 때문에 먹다 보면 자꾸만 손이 간다. 조금 딱딱하다 싶을 만큼 튀겨져 있는데, 씹으면 기름이 쫙 흘러나온다. 그리고 밥과 달걀 등 다른 재료들과 어울려 독특한 맛을 빚어낸다. 메뉴는 오는정김밥, 참치김밥, 치즈김밥, 깻잎김밥, 멸치김밥이 있다. 매장 안에는 대기 의자만 있고, 먹을 수 있는 테이블은 없다. ▲

내부 벽면에 붙어 있는 유명인들의 사진과 사인을 보는 재미도 쏠쏠하다.

대도식당

서귀포 시민들이 사랑하는 해장국

add. 서귀포시 서귀동 587-42 ∶ tel. 064-763-1033 ∶ open. 08:30~15:00
menu. 김치복국 · 옛날메밀복국 · 복매운탕 · 복지리 1만 3,000원, 복수육 · 복튀김 · 복찜 5만 2,000원
tip. 주차장이 없으니 요령껏 골목에 주차해야 한다.

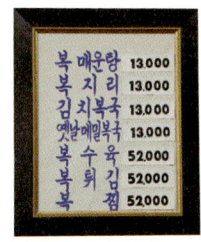

'대도식당'은 올레사무국 직원의 추천으로 알게 된 곳이다. 주택을 개조한 식당으로 외관이야 여느 해장국집과 다를 바 없다. 실내로 들어서니 맵싸한 김치 냄새가 풍긴다. 4인용 테이블이 서너 개 자리한 홀과 좌식 테이블이 자리한 방이 있다. 이른 아침에도 손님들이 제법 있는데 거의 지역 주민들이다.

메뉴판에는 복매운탕, 복지리, 김치복국, 옛날메밀복국, 복수육 등 오로지 복요리만 적혀 있다. 김치복국에는 밀복이 푸짐하게 들어가 있다. 밀복은 복어 중에서 그리 비싸지도 싸지도 않은 종류다. 참복처럼 고급 복요리에 쓰이는 것은 아니고, 탕감으로 많이 사용된다. 복어 살 위에는 신 김치와 콩나물, 미나리를 잔뜩 얹었다. 콩나물은 비린내를 없애기 위해서 대가리를 모두 뗐다. 작지만 주인장의 정성이 느껴지는 대목이다. 흔히 '곤이'라고 잘못 불리는 이리(정소)도 보인다. 제철에만 내오기 때문에 운이 좋을 때만 먹을 수 있는 별미다. 입에 넣으면 사르르 풀어지며 짙고 부드러운 크림 맛을 낸다. 가능하다면 메밀복국도 맛보길 추천한다. ▲

옛날메밀복국은 다소 심심한 맛이라 취향에 따라 김치복국을 먹는 것도 방법이다.

테라로사

강릉 테라로사의 명성과 맛 그대로

add. 서귀포시 하효동 1306-1 | tel. 064-799-9789
open. 09:00~21:00 | menu. 커피 4,500~7,500원
tip. 주차는 동네 골목에 요령껏!

커피와 관련된 각종 소품을
구경하는 재미도 쏠쏠하다.

강릉 구정면에 자리한 '테라로사'는 우리나라 고품질 커피 시장의 선두주자로 커피 마니아들에게는 잘 알려져 있다. 생두를 직접 수입, 로스팅해 전국에 공급한다. 쇠소깍 부근에 문을 연 테라로사는 강릉 테라로사의 지점이다. 강릉 임당, 사천, 서울 광화문, 신세계백화점, 경기 서종, 부산 해운대 마린시티에 이어 여덟 번째 매장이다.

들어서면 높은 천장과 커다란 창문이 탁 트인 기분을 느끼게 해준다. 80평 가까이 되는 내부는 고가구와 앤티크 소품들이 어울려 편안한 분위기를 연출한다. 라탄 테이블과 의자가 놓인 공간은 동남아의 어느 리조트에 온 듯한 기분을 느끼게 해준다.

저녁에 방문한다면 야외 테이블도 좋다. 주위를 둘러싸고 있는 감귤나무가 제주만의 분위기를 한껏 북돋아 준다. 예가체프 코체레, 브라질 산타 테레진야 등 다양한 핸드드립 커피를 맛볼 수 있으며, 신선한 원두를 사 갈 수도 있다. 베이커리 구성도 알차다. 쇠소깍을 둘러보고 난 뒤 휴식을 취하며 커피 한 잔을 마시기 좋다. ▲

하효통닭

제주도 치킨의 지존

add. 서귀포시 중앙동 273-6 : tel. 064-762-7785 : open. 영업시간이 들쭉날쭉하다.
menu. 한사발 5,000원. 통닭 1마리 1만 4,000원
tip. 서귀포 매일올레시장 주차장에 주차하고 걸어가야 한다.

제주에 올레가 생기고, 올레꾼들이 늘어나면서 게스트하우스 시대가 열렸다. 저가항공을 타고 온 여행자들은 대중교통을 이용해 자유 여행을 즐기기 시작했다. 이들은 몸국이나 오분자기 뚝배기 대신 간단하게 먹거나 포장이 가능한 회국수와 김밥, 오메기떡 등을 찾기 시작했다. 물론 치킨 역시 이들이 즐겨 찾는 음식으로 서귀포에 있는 '하효통닭'과 '중앙통닭'이 특히 유명하다.

서귀포 매일올레시장 안에 자리하고 있는 하효통닭은 전형적인 시장통닭을 맛볼 수 있는 곳으로 각종 야채를 함께 넣은 튀김옷이 독특한 맛을 낸다. 중앙통닭보다는 약간 기름진데, 향긋한 깻잎향과 끝맛이 매운 것이 특징이다. 튀긴 마늘, 감자튀김, 떡튀김도 푸짐하게 들어 있다.

포장을 하면 커다란 박스에 담아 주는데 생각보다 양이 많으니 미리 물어보고 주문하는 것이 좋다. 닭강정은 늦은 시간에 가면 먹기 힘들다. ▲

이중섭거리를 따라가면 나오는 서귀포 매일올레시장 입구 쪽에 있다.

오늘은 회

푸짐한 자연산 회 한 상

add. 서귀포시 하예동 1829-4 ㅣ tel. 064-738-2400 ㅣ open. 11:00~23:00
menu. 돌돔 18만원, 뱅에돔 11만원, 참돔 9만원, 해물모둠 3만 5,000원, 갈치조림 4만 5,000원
tip. 전화하면 사장님 픽업도 가능하다.

대평리는 독특한 분위기의 카페와 레스토랑, 게스트하우스, 최근에는 고급 풀빌라까지 생기면서 가장 뜨는 동네가 되었다. 먹을 것으로는 '용왕난드르 향토음식'의 보말수제비, '사소한골목'의 백반 등이 유명한데, 활어회를 먹을 만한 곳이 없어 아쉬웠다. 그러던 중 택시 기사의 강력 추천으로 '오늘은 회'를 알게 되었다.

행정 구역상 하예동이지만 대평리와 멀지 않다. 주인장은 오랫동안 포장마차를 운영하다가 가게를 마련하게 됐다고 한다. 문을 연 지 얼마 되지 않아 외관이며 실내가 모두 깨끗하다.

이곳은 화려한 부요리가 인상적이다. 회를 주문하면 먼저 자리돔회, 멍게, 새우, 전복, 소라, 문어, 관자 등이 가득한 해물모둠이 나온다. 제주에서는 으레 이 정도 부요리가 나오려니 하고 먹는데 계속 나온다. 생선탕수, 단호박찜, 오징어튀김, 고등어구이 등이 쉴 새 없이 이어진다. 물론 회도 싱싱하고 맛있는데 특히 돔 종류가 좋다. 다 먹고 나면 '잘 먹었다'는 생각이 절로 드는 곳이다. 부모님과 함께하는 가족 여행자에게 추천한다. ▲

주인장의 정성이 느껴지는 부요리와 싱싱한 회를 먹다 보면 금세 배가 부르다.

여행작가가
추천하는 바로 그곳
서귀포시

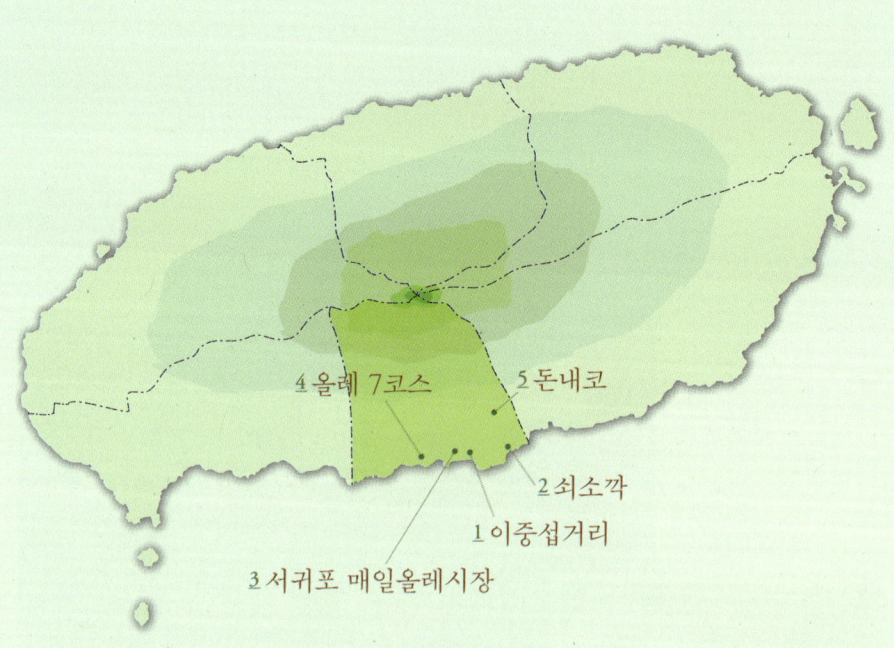

제주에서 혼을 불태운 예술가
1 이중섭거리

　이중섭은 한국전쟁이 한창이던 1951년 1·4 후퇴 때 제주 서귀포로 피란을 왔다. 섶섬이 보이는 초가집의 1.4평 남짓한 셋방에서 부인과 두 아들을 데리고 고달픈 피란살이를 했다. 쌀이 없어 고구마와 게를 삶아 끼니를 때우며 그림을 그렸다. 서귀포시의 옛 삼일극장 일대에는 그를 기리는 이중섭거리가 들어서 있다. 그가 살던 초가집도 복원되어 있고 그 옆에는 그의 작품을 전시한 이중섭미술관도 있다. 그의 미술관이 들어설 당시 미술 애호가들은 「섶섬이 보이는 풍경」, 「파도와 물고기」, 은지화인 「가족」, 「물고기와 아이들」 등 원화 8점을 흔쾌히 내놨다고 한다. 그의 그림뿐만 아니라 그가 쓰던 팔레트, 아내와 주고받은 편지 등도 전시되어 있다. 이중섭거리는 매주 토·일요일 오전 10시부터 오후 6시까지 차 없는 거리가 된다. 이중섭의 작품을 모티브로 공예품을 만드는 공방, 카페와 꽃집 등이 모여 있어 산책 삼아 걸어 보는 것도 좋다.

add. 서귀포시 서귀동 532-1
tel. 064-760-3567
open. 미술관 09:00~18:00 (월요일 휴관)

용암이 만든 비경
2 쇠소깍

아기자기한 재래시장의 매력
3 서귀포 매일올레시장

　서귀포시 하효동과 남원읍 하례리 사이를 흐르는 효돈천(孝敦川) 하구로 올레 6코스의 시작점이기도 하다. 제주 현무암 지하를 흐르는 물이 분출해 바닷물과 만나 깊은 웅덩이를 형성한 곳으로 용암이 굳어 만들어진 기암괴석과 소나무숲, 맑은 계곡이 어울려 비경을 만들어낸다. 쇠소깍은 제주도 방언으로 쇠는 '소'를 뜻하며, 소는 '연못', 각은 '끝'을 의미한다. 바닥이 투명해서 물속을 들여다볼 수 있는 투명 카약의 인기도 높다.

　제주시에 자리한 동문재래시장보다는 규모가 작지만 아기자기한 재미를 느끼기에는 모자람이 없다. 해산물을 비롯해 다양한 상품을 팔지만 특히 통닭, 모닥치기, 김밥 등 다양한 먹거리가 관광객을 즐겁게 해준다. 시장 한쪽에는 횟집이 늘어서 있는데, 이곳에서 싱싱한 회를 포장해 숙소로 가서 먹는 여행객들이 많다. '우정 회센타(064-733-8522)'의 꽁치김밥은 이곳에서만 맛볼 수 있는 별미로 꼽힌다.

add. 서귀포시 하효동 140
tel. 064-732-1562

add. 서귀포시 서귀동 277-1
tel. 064-762-1949

바다를 보며 걷는 올레
4 올레7코스

제주 도민들의 휴양지
5 돈내코

제주올레 코스 가운데 최고의 코스로 7코스를 꼽는다. 걷는 길 내내 아름다운 해안을 따라가는 해안 올레다. 외돌개를 출발하여 돔베낭길과 속골, 법환포구와 강정포구, 월평포구를 경유해 월평마을까지 이어진다. 올레꾼들이 가장 사랑하고 아끼는 자연생태길인 '수봉로'도 만날 수 있다.

한라산 백록담에서 발원한 동산벌른내와 서산벌른내가 만나 만들어진 계곡으로 제주에서는 보기 드물게 일 년 내내 물이 흐르는 하천이다. 용암이 굳어 만들어진 원앙폭포가 계곡의 하이라이트. 계곡 주변에는 야영장과 청소년수련원 등이 있어 여름철 물놀이를 즐기기에 좋다. '돈내코'란 지명은 이 지역에 멧돼지가 많이 출몰해서 붙여진 이름이다.

| add. 서귀포시 서흥동 665(서귀포종합안내소)
| tel. 064-732-1302

| add. 서귀포시 상효동 1459
| tel. 064-733-1584
| fee. 무료

photo essay

귤빛, 다정하고 따스한

검은 돌담 뒤 귤이 열렸다.
가득한 귤빛, 그 다정하고 따뜻한 빛.
다 싫고,
다 벗어던지고 싶을 때
기꺼이 제주로 간다.
당신의 손을 잡듯
귤빛에 이끌려 찾아든 제주.
귤빛이 번졌는가,
오늘 하루 내내 마음이 환하다.

Part. 5

제주가 처음인 당신을 위한

동북부

구좌읍 | 조천읍

57

월정리 ILOWA

에메랄드빛
제주 바다를 내 품에

add. 제주시 구좌읍 월정리 6 : tel. 064-783-2240 : open. 09:00~21:00
menu. 아메리카노 4,000원, 카페라테 5,000원, 한라봉 요거트스무디 7,000원, 한라봉 인절미토스트 6,000원
tip. 옥상인 '하늘로와'에서 바라보는 바다 경치는 특히 아름답다.
하지만 겨울에는 바람이 차가우니 단단히 준비를 하자.

지질트레일은 올레길에 이어 제주의 또 다른 문화를 만날 수 있는 길이다. 제주도는 2010년 섬 전체가 '유네스코 세계지질공원'으로 인증됐으며, 이 가운데 수월봉·산방산·용머리해안·주상절리대·서귀포층·성산일출봉·만장굴·선흘곶자왈·한라산 등 12곳이 핵심 지질 명소로 지정되었다. 이후 제주도는 유네스코 세계지질공원의 가치를 높이기 위해 수월봉 지질트레킹 코스 개설을 시작으로 지질트레일을 만들고 있다. 제2코스는 산방산-용머리해안 코스, 제3코스는 동굴 위를 걷는 김녕-월정 코스로 이어진다. 얼마 전 제4코스인 성산-오조트레일도 열렸다.

지질트레일 가운데 가장 아름다운 코스를 꼽으라면 김녕-월정 코스를 추천한다. 코스 총길이는 14.6km로 마을을 걷는 길과 바닷가를 따라 걷는 길로 이뤄져 있다. 그중 뭍을 따라 걷는 9km 코스를 '드르빌레길', 바다를 따라 걷는 5km를 '바당빌레길'이라고 부른다. 제주 사투리 '드르'는 '들'을, '바당'은 '바다'를 의미한다. 제주식 등대인 도대불, 바다에서 솟구치는 샘물인 청굴물, 암반 숲인 진빌레 등을 만날 수 있어 올레길과는 또 다른 감흥을 느낄 수 있다.

월정리해변은 지금 제주에서 가장 핫한 곳으로 개성 만점의 카페가 많다. 월정리 LOWA는 그 중심에 있다.

월정리LOWA 옥상에서는 월정해변의 아름다운 모습을 감상할 수 있다. 통유리 너머로 바다가 보이는 1층도 좋다.

월정해변과 가까운 것도 좋다. '크고 넓은 모래밭'이라는 의미의 '한모살'이라는 제주 사투리로 불리던 이곳은 몇 해 전만 해도 한적한 해변이었지만 최근 서울 이주민과 지역 주민들이 세운 카페가 하나둘 문을 열기 시작해 지금은 아예 카페촌을 이루고 있다.

월정리 카페 가운데 가장 좋은 자리에 위치한 '월정리LOWA'에서는 커다란 통유리 너머로 제주의 푸른 바다를 감상할 수 있다. 카페에서 안쪽으로 이어지는 문으로 들어가면 정원이 나오는데, 그곳에 주홍색 지붕을 이고 아담하게 자리한 '안뜰로와'라는 공간이 있다. 제주 전통 가옥의 느낌을 그대로 살려 마음이 절로 편안해진다. 그 옆에는 '온실로와'라는 공간도 자리하고 있다.

카페 옥상에는 월정리LOWA에서 가장 인기가 좋은 공간인 '하늘로와'가 있다. 카페 옥상에 운치 있는 나무 의자가 일렬횡대로 늘어서 있고, 하얀색 캐노피가 설치되어 있다. 이곳에서 바라보는 월정리 앞바다는 언제 보아도 가슴 시원하고 아름답다.

월정리LOWA의 인기 메뉴는 한라봉 요거트스무디다. 진짜 한라봉을 넣어 만든 것으로 한라봉 알맹이가 쏙쏙 박혀 있다. 한라봉 인절미토스트도 맛보자. 토스트 사이에 쫄깃쫄깃한 인절미가 들어가 있고, 달콤한 한라봉 잼과 고소한 견과류가 어우러져 있어 간단한 한 끼 식사로도 손색이 없다. ▲

건물 뒤편에 위치한 '안뜰로와'에서는 조용히 혼자만의 시간을 보내기 좋다.

톰톰카레

제주산 재료로 만든
맛있는 카레

add. 제주시 구좌읍 평대리 1958-4 · tel. 010-6629-1535
open. 11:30~15:00 ·18:00~20:00, 월요일 휴무
menu. 구좌야채카레 · 콩카레 8,000원, 반반카레 9,000원
tip. 현금 결제만 가능하다.

톰톰카레는 평대리 마을 중간에 조용히 자리 잡고 있다. 돌담을 따라 걷다 보면 '톰톰카레'라고 적힌 노란 현무암을 볼 수 있다.

제주시에서 성산 방향 해안도로를 따라가다 보면 월정리 지나 평대리라는 동네가 나온다. 세화 바다 옆에 자리한 작은 마을로 요즘 뜨고 있는 곳이다. 서울로 치자면 연남동이나 경리단길쯤 된다고 할까. '아일랜드 조르바', '평대스낵', '풍림다방', '아서의 집' 등 독특한 개성을 겸비한 맛집과 게스트하우스가 하나둘씩 들어서고 있다. 제주에서도 멀지 않아 스쿠터를 탄 젊은이들도 많이 찾는다.

지금도 곳곳이 개발되고는 있지만 아직 정겹고 다정한 멋을 간직하고 있다. 돌담을 따라 구불구불 길이 나 있고, 낮은 슬레이트 지붕을 인 집들이 평화롭게 서 있다. 돌담을 따라 걷다 보면 '한두 달 집을 빌려 살아보고 싶다'는 생각이 절로 든다. '톰톰카레'는 마을 안쪽에 자리 잡고 있어 작은 안내판을 따라가야 한다.

톰톰카레는 가정집을 개조해 식당으로 꾸며 얼핏 보면 식당 같지 않다. 넓은 마당에는 테이블과 의자가 있고, 그 옆으로는 낮달맞이꽃이 한 무더기 피어 있다. 무심한 듯 놓여 있는 화분도 예쁘고, 하얀색으로 칠해진 벽 덕분에 마치 친구 집에 놀러 온 듯 편안한 기분이 들게 한다.

톰톰카레는 제주의 식재료를 가지고 카레를 만든다. 어떤 것을 고를지 고민된다면 반반카레를 선택하면 된다.

신발을 벗고 식당 안으로 들어가면 옛 한옥의 분위기를 고스란히 느낄 수 있다. 서까래 기둥이 그대로 노출되어 있다. 벽에는 카레와 관련된 아기자기한 그림과 엽서들이 붙어 있다. 입구 양쪽으로 앉아서 먹을 수 있는 아담한 방이 두 개 있고, 사람이 많을 때는 거실의 큰 테이블에서 합석해야 한다. 거실 옆 주방에서는 주인이 카레를 만드느라 분주히 움직인다.

메뉴는 구좌야채카레와 콩카레 두 가지다. 구좌야채카레는 구좌 지역에서 나는 채소로 만든 일본식 카레로 큼직한 채소가 들어 있어 씹는 맛이 좋다. 집에서 엄마가 만들어 주던 그 카레 맛이다. 콩카레는 생크림과 토마토가 들어간 인도식 카레다. 부드럽게 올라오는 버터 향과 새콤한 토마토 향이 잘 어우러져 있다. 병아리콩이 고소한 맛을 더해 준다.

'결정장애'가 있는 이들을 위한 반반 메뉴도 있다. 새로 지은 고슬고슬한 밥이 두 카레 사이를 벽처럼 나누고 있다. 카레는 피클, 깍두기와 함께 제공된다. ▲

식사를 하고 평대리를 산책해 보자. 다른 곳에서는 느낄 수 없는 제주의 또 다른 매력을 경험할 수 있다.

이스트엔드

제주 동쪽 끝, 숨은 듯 자리한 다정한 레스토랑

add. 제주시 구좌읍 종달리 565-55 : tel. 064-782-3357
open. 이스트이스트 12:00~15:00, 이스트엔드 18:00~21:30(주문 마감 20:30), 목요일 휴무
tip. 저녁 영업시간은 조도가 낮아 미취학 아동의 출입을 제한. 사전예약 필수.
철마다 바뀌는 메뉴는 블로그(blog.naver.com/eastend_jeju)에서 확인할 수 있다.

실내는 정갈하고 깨끗하다. 나무 테이블 4개가 단정하게 놓여 있다. 와인병과 책, 액자, 꽃병같은 소품들이 무심한 듯 놓여 있지만 하나같이 잘 어울린다.

제주시에서 동쪽으로 함덕, 조천, 세화 월정리해변, 평대리를 지나 해안도로를 따라 계속 달리면 구좌읍 종달리에 닿는다. 그곳에 다정하고 예쁘게 자리 잡은 레스토랑 '이스트엔드'가 이름 그대로 '동쪽 끝'에 오도카니 서 있다.

얼핏 봐서는 레스토랑이 아니라 평범한 가정집 같다. 문 앞에 세워 놓은 작은 입간판이 없다면 지나치기 쉽다. 입간판에는 '제주 동쪽 끝 서양식당'이라고 수줍게 쓰여 있다.

종달리는 오름이 많은 곳이다. 종달리 앞바다도 예쁘고, 종달-시흥해안도로 풍경도 좋다. 말미오름에 오르면 왼쪽으로는 우도, 오른쪽으로는 성산을 볼 수 있다. 종달리를 지나며 '이런 자그마한 레스토랑 하나 꾸리면서 살았으면' 하고 생각한 적이 있다. 이스트엔드는 나와 같은 소망을 가졌던 이가 주저 없이 그 꿈을 실현한 곳이다. 레스토랑이 아니라 친구 집에 놀러 온 것만 같다.

이곳 역시 제주산 재료를 이용해 요리를 만든다. 달콤한 한라봉소스와 치즈의 조합이 어우러진 샐러드, 제주도 감자로 만든 수프, 제주 한우로 만든 안심스테이크, 감귤아몬드케이크 같은 깔끔하면서도 다정한 음식들이 여행 온 기분을 한껏 돋우어 준다. ▲

좀녀네집

해녀들이 직접 잡은
싱싱한 해산물과 전복죽

add. 제주시 구좌읍 김녕리 6145 · tel. 064-782-8884 · open. 10:30~18:30
menu. 소라·해삼·낙지 등 1만~2만원, 전복죽 1만원
tip. 내비게이션에서 찾을 때는 '잠녀네집'으로 검색하자.

동복-김녕해안도로(구좌해안로)에서 월정리와 김녕성세기해변을 지나 목지섬 입구에 닿으면 '좀녀네집'이 나온다. 김녕-월정 지질트레일과도 가깝다. 바닷가에 서 있는 허름한 포장마차라서 자칫하면 지나치기 쉽다. '잠녀네집'이라고 하기도 하고, '좀녀네집'이라고 하기도 한다. 좀녀는 제주 사투리로 '해녀'라는 뜻이다.

그러니까 이 집은 이름 그대로 해녀들이 잡은 해산물을 맛볼 수 있는 집이다. 뿔소라, 해삼, 낙지, 문어 등 해녀들이 바다에서 갓 건져 올린 싱싱한 해산물을 맛볼 수 있다. 겉모습만 보면 '요즘에도 이렇게 허름한 곳이 있나?' 싶지만 맛 하나만큼은 끝내준다.

가장 맛있는 메뉴는 구수하고 고소한 '성게내장 전복죽'이다. 많은 사람들이 '제주도 전복죽 중에서 최고'라고 입을 모으며, 웬만한 식당과는 아예 비교 불가라고 한다. 전복죽은 2인분 이상만 가능하며, 30분 전에 예약을 해야 한다. 혼자 갔다면 옆 사람과 함께 시키는 것도 요령이다.

좀녀네집 앞바다는 불법 포획돼 돌고래 공연으로 혹사당하다 방류된 남방큰돌고래 제돌이와 춘삼이가 맨 처음 자유를 맛봤던 바로 그곳이다. ▲

포장마차같이 허름해 보이지만 싱싱함과 맛은 어디에도 뒤지지 않는다.

61

미엘 드 세화

제주에서의 달콤한 시간

add. 제주시 구좌읍 세화리 1476-1 ∶ tel. 064-782-6070
open. 11:00~18:00, 수요일 휴무
menu. 커피 3,500~5,000원, 케이크 5,000원
tip. 페이스북에서 '미엘드세화'를 검색해 보자.

애월이나 월정리에 비해 아직 세화 쪽은 여행자들이 드문 편이다. 그래서 그나마 한적한 바다를 즐길 수 있다.

'미엘 드 세화'는 세화해수욕장 근처에 자리한 분위기 좋은 디저트 카페다. 파스텔 톤의 벽, 커다란 원목 테이블과 의자가 자리한 실내는 세련되면서도 깔끔하다. 한쪽을 차지한 커다란 통유리로 제주의 환한 햇살이 쏟아져 들어오고, 곳곳에 놓인 아기자기한 소품은 홍대 앞 어느 카페에 온 듯한 기분을 들게 한다.

여행자들이 많이 찾는 메뉴는 망고케이크, 딸기케이크, 당근케이크다. 부드러운 케이크와 담백하면서도 달콤한 생크림, 신선한 과일이 잘 어울린다. 이곳의 대표 메뉴는 에스프레소에 생크림을 올리고 꿀을 넣은 '미엘커피'다. 딸기케이크 한 조각과 커피 한 잔. 제주에서 맛보는 달콤한 시간. 창밖을 하염없이 바라보며 오래오래 앉아 있고 싶어지는 그런 카페다. ▲

세화에 도착하면 그림 속에 나올 것 같은 미엘 드 세화를 발견할 수 있다.

동복리해녀촌

우리가 아는 회국수의 원조

add. 제주시 구좌읍 동복리 1638-1 ː tel. 064-783-5438
open. 09:00~20:00, 넷째 화요일 휴무 · menu. 회국수 · 성게국수 7,000원
tip. 현금 결제 요망. 12시가 가까워지면 번호표를 뽑아 대기해야 할 만큼 손님들로 북적인다.

회는 굵고 큼지막하게 썰어 식감이 좋다. 국수도 중면이라 소면에 익숙한 육지 사람들에게는 다소 독특하게 느껴진다.

제주시를 빠져나와 1132번 도로를 따라 함덕을 지나면 구좌읍 동복리가 나온다. 그곳 바닷가에 회국수로 유명한 식당이 있다. 바로 '동복리해녀촌'이다. 몇 해 전부터 조금씩 알려지기 시작하더니 지금은 번호표를 받고 한참을 기다려야 들어갈 수 있는, 제주에서도 가장 인기 있는 식당이 됐다.

이곳의 가장 인기 메뉴는 회국수다. 지금 제주에서 팔고 있는 회국수는 동복리해녀촌에서 비롯된 것이다. 그러니까 회국수는 동복리해녀촌이 원조라는 말이다.

회국수를 시키면 싱싱한 생선회와 국수, 잘게 썬 상추를 비롯해 다양한 야채가 담긴 접시가 나온다. 각종 재료 위에는 진하고 매콤하면서도 새콤한 양념장이 뿌려져 있다. 이걸 한데 비벼 먹는데, 육지에서는 도저히 맛볼 수 없는 맛이다. 국수에 들어가는 횟감은 철마다 바뀐다.

굵은 회와 두툼한 중면, 매콤한 양념이 어우러져 제주에서만 맛볼 수 있는 맛을 만들어 낸다. 미역 초무침과 깍두기 등 밑반찬도 정갈하다. 따뜻한 멸치 육수에 노란 성게알을 듬뿍 올린 성게국수도 일품이다. ▲

교래손칼국수

푸짐하고 진한 닭칼국수

add. 제주시 조천읍 교래리 491 ｜ tel. 064-782-9870 ｜ open. 11:00~19:00, 첫째·셋째 수요일 휴무
menu. 토종닭칼국수 9,000원, 바지락칼국수 8,000원
tip. 근처의 오름이나 산굼부리, 비자림 산책 후 먹으면 더 맛있다.

삼다수 마을로 유명한 조천읍 교래리는 토종닭 마을로도 유명하다. 주위에 닭고기 전문점도 많은데, 특히 '교래손칼국수'는 토종닭칼국수로 인기 있는 집이다. 식사 시간이면 어김없이 기다란 줄이 늘어서 있다. 관광객도 많이 찾고, 지역 주민 사이에서도 입소문이 나 있다.

주메뉴는 진한 국물 맛의 토종닭칼국수와 청양고추를 송송 썰어 넣어 칼칼한 맛이 일품인 바지락칼국수다. 꿩메밀칼국수도 있는데 겨울에만 맛볼 수 있다. 봄과 여름, 가을에는 토종닭칼국수와 바지락칼국수가 대신 메뉴판을 차지한다. '꿩 대신 닭'인 셈이다.

칼국수는 보기에도 먹음직스럽다. 진한 닭 육수에 쫄깃한 면발을 푸짐하게 담고, 그 위에 손으로 찢은 닭고기를 푸짐하게 올린다. 꿩과 닭으로 우려낸 육수는 깊으면서도 진득하고 구수하다. 면도 차지고 쫄깃하다. 면은 주문과 동시에 반죽을 해서 만들기 때문에 기다림과 인내심이 필요하다. 혼자 먹기에도 부담이 없어 나홀로 여행자들에게도 인기다. ▲

식사 시간 때면 넓은 내부에 사람이 가득 찬다. 여유롭게 식사를 즐기고 싶다면 식사 시간을 피해서 찾는 것이 좋다.

순풍해장국

얼큰하고 시원한 선지해장국

add. 제주시 삼양2동 2132-1 : tel. 064-721-9944 : open. 06:00~16:00
menu. 순풍해장국 7,000원, 어린이해장국 4,000원
tip. 제주시 조천읍 함덕리 4144, 064-782-8866(함덕점)

'순풍해장국'의 메뉴는 단 한 가지, 순풍해장국이다. 소고기 선지 해장국으로 맛이 맵고 화끈하다. 얼큰한 맛과 순한 맛 가운데 하나를 선택할 수가 있다. 순한 맛은 다대기(다진 양념)가 따로 나와 원하는 만큼 넣어 먹으면 된다.

메뉴가 한 가지다 보니 자리에 앉자마자 주문도 하기 전에 종업원이 반찬을 갖다 준다. 부추무침, 청양고추, 깍두기냉국, 마늘 다진 것 등으로 단출한데, 그중 살얼음이 뜬 깍두기가 이색적이다.

뜨거운 뚝배기에 담겨 보글보글 끓는 해장국을 보기만 해도 속이 풀린다. 숟가락으로 뜨면 내용물이 푸짐하다. 제주의 해장국은 육지의 그것보다 내용물이 많아서 좋다. 커다란 선지 두 덩어리와 수육, 당면, 아삭한 콩나물이 듬뿍 들어 있다.

먼저 국물을 맛본다. 진하다. 약간 느끼하다고 느껴지면 마늘 양념을 조금 넣어 먹는 것도 좋다. 맛이 한결 간결하고 산뜻해진다. 선지도 신선해서 입에 짝짝 붙는다. 선지는 단백질이 풍부하고, 주독을 풀어 주는 데 탁월한 효과가 있다. ▲

월요일에는 1,000원을 할인해 주는 주인의 센스. 삼양과 함덕 두 곳에 있는데 삼양점이 본점이다.

여행작가가
추천하는 바로 그곳
동북부

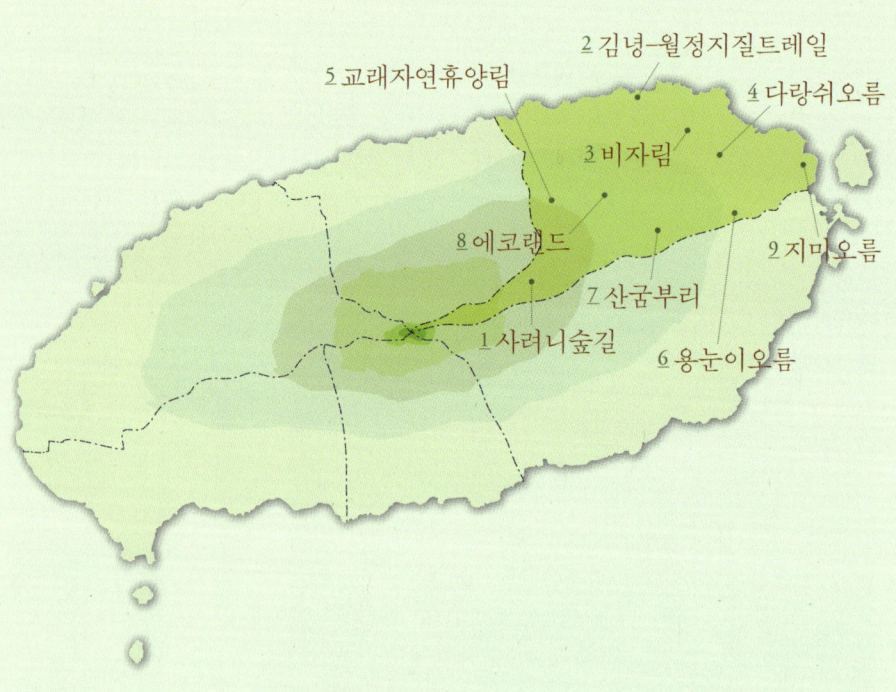

걷는 것만으로도 힐링
1 사려니숲길

제주시 봉개동 절물오름 남쪽 비자림로에서 물찻오름을 지나 서귀포시 남원읍 한남리 사려니오름까지 이어지는 길이다. 길이는 약 15km, 평균 고도는 500~600m다. 졸참나무, 서어나무, 산딸나무, 참꽃나무, 사람주나무 등과 새우난, 천남성, 개족도리 등이 어울려 자란다. 빽빽이 심어진 산나무와 편백나무도 울창하게 자라고 있으며, 이 사이로 난 송이로 덮인 부드럽고 폭신폭신한 산책로를 걷노라면 절로 힐링이 되는 것만 같다. 숲길 곳곳에 참꽃나무숲, 치유와 명상의 숲, 서어나무숲 등의 테마 포인트가 있어 아이들과 함께하기에도 좋다. 간혹 한라산에서 내려온 노루가 숲을 헤치고 폴짝폴짝 뛰어다니는 모습도 만나볼 수 있다. 숲에는 편의시설이 없어 물과 도시락 등을 지참해야 한다. '사려니'는 '살안이', '솔안이'로 불리는데 이는 신성한 곳 또는 신령스러운 곳이라는 의미다. 여름철에는 특히 탐방객이 많으니 이른 새벽이나 햇살이 한풀 꺾인 오후 늦게 걷는 것이 좋다.

add. 제주시 조천읍
tel. 064-900-8800

들과 바다를 한 번에
2 김녕-월정지질트레일

세계적으로 희귀한 숲
3 비자림

 총길이는 14.6km. 마을을 걷는 길과 바닷가를 따라 걷는 길로 이뤄져 있는데 그 중 뭍을 따라 걷는 9km 코스를 '드르빌레길', 바다를 따라 걷는 5km를 '바당빌레길'이라고 부른다. 제주 사투리로 '드르'는 들을, '바당'은 바다를 의미한다. 제주식 등대인 '도대불', 바다에서 솟구치는 샘물인 '청굴물', 암반 숲인 '진빌레' 등을 만날 수 있어 올레길과는 또 다른 감흥을 느낄 수 있다. 월정리 카페촌과도 가깝다. 카페에 앉아 바다를 바라보며 망중한을 즐겨 보자.

add. 제주시 구좌읍 김녕리

 수령 300~800년의 비자나무 2,800여 그루가 모여 있다. 세계적으로도 희귀한 숲이다. 산책로가 잘 닦여 있고, 바닥에 깔린 흙은 화산토로 맨발로 걸어도 될 정도로 푹신하다. 비자숲 한가운데에는 이 숲에 처음 뿌리를 내린 800년 된 조상나무가 있는데, 키 14m, 폭 6m에 달한다. 비자나무가 1년에 고작 1.5cm 자란다는 것을 감안하면 이 나무가 얼마나 오랜 세월을 지켜왔는지 짐작할 수 있다.

add. 제주시 구좌읍 평대리 3164-1
tel. 064-710-7912
open. 09:00 ~ 18:00
fee. 성인 1,500원, 청소년 800원, 어린이 800원

오름의 여왕
4 다랑쉬오름

특유의 매끈한 곡선으로 '오름의 여왕'으로 불린다. '다랑쉬'라는 예쁜 이름은 산봉우리의 분화구가 마치 달처럼 둥글게 보인다 하여 얻었다. 높이는 382m로 꽤 높은 오름에 속한다. 등산로 입구에서 정상까지는 20여 분이면 충분히 오를 수 있다. 정상에는 분화구가 있으며 비자림과 돝오름, 남동쪽으로 용눈이오름, 중산간의 풍력발전소 등이 바라보인다. 멀리 제주의 북쪽과 동쪽 해안까지 아스라이 눈에 들어온다.

add. 제주시 구좌읍 세화리 산6
tel. 064-710-3314

곶자왈을 거닐다
5 교래자연휴양림

곶자왈을 둘러보는 생태관찰로(1.5km)와 곶자왈과 초지를 거쳐 큰지오름까지 다녀오는 오름산책로(3.5km) 등 두 종류의 탐방로가 마련돼 있다. 생태관찰로는 아이들이 걸어도 부담 없을 정도로 경사가 완만하다. 해발 400m로 비교적 높은 지대임에도 낙엽활엽수림이 많이 분포하고 온대성 식물도 많은 것이 특징. 새끼노루귀, 복수초 등 야생화도 산재해 있다.

add. 제주시 조천읍 교래리 산119
tel. 064-710-7475
open. 07:00~16:00
fee. 1,000원

가장 인기 있는 오름
6 용눈이오름

제주에만 있는 화산 지형
7 산굼부리

남북으로 비스듬히 누운 모습이 용을 닮았다고 해서 이름 붙였다. 오름에 오르기는 어렵지 않다. 넉넉잡고 20~30분이면 오른다. 능선을 한 바퀴 도는 데 20분이면 충분하다. 용눈이오름의 수많은 매력 중 하나는 능선 너머로 다랑쉬오름, 둔지오름, 따라비오름 등 중산간의 크고 작은 오름과 한라산을 함께 볼 수 있다는 것이다. 멀리 동쪽으로 성산포와 우도가 아스라이 보이고 김녕과 세화를 잇는 해안도로변에 놓인 풍차가 힘껏 돌아간다.

add. 제주시 구좌읍 종달리 산28
tel. 064-710-6043

산굼부리는 화구 둘레가 낮은 언덕으로 둘러싸인 '마르형 화구'로 세계에서도 흔히 볼 수 없는 희귀한 지형이다. 잘 정비된 산책로를 따라 산굼부리를 오르다 보면 주변 오름들이 시야에 들어온다. 가을이 가장 아름다운데 억새가 만발한 산책로와 함께 절경을 이룬다. 정상에는 웅장하고 거대한 분화구가 있어 탄성을 불러일으킨다. 산굼부리의 '굼부리'는 화산체의 분화구를 가리키는 제주 사투리다.

add. 제주시 조천읍 교래리 산38
tel. 064-783-9900
open. 09:00 ~ 18:00
fee. 성인 6,000원 청소년·어린이 3,000원

동심으로 돌아가다
8 에코랜드

오름에서 바라보는 바다
9 지미오름

마치 동화 속 나라에 온 것 같은 착각에 빠지게 하는 테마파크. 제주의 풀과 나무들이 어우러진 숲을 증기기관차를 타고 여행한다. 기차를 타고 가다 내리고 싶은 역에서 내려 공원을 돌아보고 다음 기차를 타면 된다. 맑은 호수와 울창한 숲, 신비로운 곶자왈, 말들이 뛰노는 푸른 초원 등등 제주가 펼쳐 보이는 아름다운 자연을 즐겁게 여행할 수 있다. 가족 단위 여행객들에게 추천한다.

add. 제주시 조천읍 대흘리 1221-1
tel. 064-802-8020
open. 08:30 ~ 18:00
fee. 성인 1만 2,000원, 청소년 1만원, 어린이 8,000원

해안에 바짝 붙어 있어 오름에서 바다를 조망하는 풍광이 압권이다. 해안을 등지고 가파른 비탈을 30분쯤 오르면 가장 '제주다운 풍경'을 담은 그림이 펼쳐진다. 성산일출봉과 우도가 서로 마주한 모습이 한눈에 잡히고 우도를 오가는 여객선과 두문포마을도 한 폭의 그림처럼 다가온다. '지미(地尾)'란 이름은 '땅의 꼬리'란 뜻이다.

add. 제주시 구좌읍 종달리 산3-1

photo essay

안녕, 여행자

그렇게 문득 찾은 제주.
낯선 사람들과 맥주를 마셨고
낯선 사람들과 얼굴을 마주하고 밥을 먹었다.
서먹함은 호기심으로 변하고,
호기심은 친밀함으로 바뀌었다.
어제까지 우리는 모르는 사람이었지만
오늘부터 우리는 같은 길을 가는 여행자였다.
오름 너머에서 기분 좋은 바람이 불어왔고
우리의 발걸음은 한없이 가벼웠다.

Part. 6

유유자적 즐기는 숨은 제주
동남부

남원읍 | 성산읍 | 표선면

공천포식당

매콤새콤한 물회 한 그릇

add. 서귀포시 남원읍 신례리 27-5 · tel. 064-767-2425
open. 09:00~19:30
menu. 전복물회 1만 5,000원, 소라물회 1만원, 자리물회·한치물회 9,000원
tip. 혼자 찾기에도 부담이 없다. 바다가 보이는 자리에 앉아 먹으면 더욱 맛있다.

서귀포 쇠소깍 근처에 자리한 '공천포식당'은 오래전부터 물회가 유명한 곳으로 전복물회, 자리물회, 소라물회, 모둠물회 등을 맛볼 수 있다. 특히 이곳은 전통적인 제주식의 물회를 선보인다. 제주식 물회는 날된장에 보리밥을 발효시켜 만든 쉰다리 식초를 이용하는 것이 특징이다. 다진 마늘과 풋고추, 제피가루를 넣어 약간 맵지만 육지의 그것보다는 자극적이지 않다.

공천포식당의 인기 메뉴는 구젱기물회다. 구젱기는 '소라'를 일컫는 제주 사투리다. 살이 포동포동하게 오른 소라를 날것 그대로 얇게 썰어 각종 채소와 함께 양념장에 무쳐 물을 부어 낸다.

자리물회도 빼놓을 수 없다. '제주 물회' 하면 가장 먼저 떠오르는 것이 바로 자리물회다. 자리돔 제철인 5~8월에 제주를 찾는다면 꼭 한 번은 먹어 봐야 한다. 손가락만 한 자리돔을 머리와 지느러미 내장을 제거한 후 뼈째로 썰고, 여기에 상추와 오이, 깻잎 등을 넣고 양념장과 함께 버무린 후 식초를 약간 뿌려 차가운 육수에 말아 낸다. 매콤새콤하면서도 고소한 자리물회에 밥 한 그릇을 뚝딱 비우고 나면 제주의 여름을 맛본 기분이 든다. ▲

오독오독 씹히는 식감도 좋고, 씹을수록 단맛과 고소한 맛이 배어 나온다.

무뚱식도락

속이 확 풀리는 옥돔국

add. 서귀포시 남원읍 남원리 206-7 : tel. 064-764-6004
open. 08:00~21:00, 일요일 휴무 : menu. 옥돔국 1만 2,000원
tip. 전화 예약은 필수다.

제주에선 어류 가운데 유일하게 옥돔만을 '생선'이라고 한다. 그 나머지는 조기, 갈치 식으로 각각의 이름을 부르거나 그 축에도 못 들면 그냥 싸잡아서 '잡어'라고 부른다. 여타의 생선들 입장에서는 억울한 노릇이지만 그만큼 제주 사람들의 옥돔 사랑은 대단하다.

'무뚱식도락'은 15년째 명성을 이어오고 있는 곳으로 제주 최고의 옥돔국을 맛볼 수 있다. 남원읍사무소 후문에 있는데, 이곳 공무원들이 다른 지역으로 발령받으면 그 맛을 잊지 못해 다시 찾아올 정도라고 한다.

한 순가락 떠서 국물 맛을 보면 시원함이 이루 말할 수 없다. '아' 하는 감탄사가 저절로 나온다. 무가 많이 들어가 국물이 달다. 당일 들여온 옥돔으로 끓여서인지 시원한 맛도 그만이다. 잘 다진 청양고추를 조금 풀면 칼칼함이 더해져 속이 확 풀린다. 어느새 밥이 한 그릇 뚝딱이다. 무뚱은 제주도 사투리로 '문어귀'라는 뜻이다. ▲

무뚱식도락은 현지인들이 즐겨 찾는 맛집이다.

공새미59

마음까지 편안해지는 제주 집밥

add. 서귀포시 남원읍 신례리 60-3 : tel. 070-8828-0081
open. 09:30~15:00 · 17:00~22:00, 화요일 휴무
menu. 딱새우덮밥 8,000원, 성게문어덮밥 1만 2,000원
tip. 공새미59는 올레 5코스에 자리하고 있다.

공천포는 서귀포에서 쇠소깍을 지나 위미 가기 전 자리한 작은 포구다. 포구는 제주의 여느 '잘나가는' 바닷가처럼 소란스럽지도, 번잡하지도 않다. 조용한 바닷가를 따라 도로가 구불구불 이어지고, 그 도로변에 식당과 예쁜 카페 몇몇이 무심한 듯 서 있다.

해안도로를 걷다 마을 쪽으로 난 골목길에 들어서면 예쁘게 꾸며진 집 한 채가 수줍게 앉아 있다. 빨간 지붕을 얹고, 하얗게 벽을 칠한 집은 꼭 동화 속에서 나온 것만 같다. 마당에는 테이블이며 의자가 다소곳하게 놓여 있고, 담벼락에는 '맛있는 밥집 공새미59'라는 나무 간판이 달려 있다. 겉으로 보이는 모습만 보아도 이곳 음식 맛이 어떨는지 짐작이 간다. 맛있고 정갈해 먹고 나면 왠지 기분이 좋을 것만 같다. '공새미'는 공천포의 옛 지명이고, 59는 이 집이 들어앉은 번지수다.

가정집을 식당으로 꾸민 실내도 외관 못지않다. 주인 내외가 직접 수집한 소품과 아기자기한 장식물로 가득하다. 목걸이며 팔찌 같은 액세서리들을 판매하기도 한다.

메뉴는 간단하게 먹을 수 있는 돼지고기간장덮밥, 딱새우덮밥

맛있는 음식은 물론 아기자기한 실내를 구경하는 재미도 쏠쏠하다.

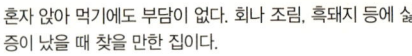

혼자 앉아 먹기에도 부담이 없다. 회나 조림, 흑돼지 등에 싫증이 났을 때 찾을 만한 집이다.

등의 덮밥류와 바지락칼국수, 보말칼국수 등이 있다. 가격도 적당하고, 혼자 먹기에 눈치가 안 보여서 좋다.

돼지고기간장덮밥은 간장에 조린 돼지고기 목살과 마늘 플레이크가 올라가 있다. 달콤하면서도 향긋한 간장 양념과 마늘 향이 조화를 잘 이루고 있다. 밥 위에 뿌려진 마늘 플레이크가 식감도 살려 준다. 유자 소스를 올린 샐러드와 김치, 된장국이 놓인 플레이팅은 깔끔하고 예뻐서 여성들이 특히 더 좋아한다.

딱새우덮밥은 매콤하다. 매콤하게 조린 딱새우를 푸짐하게 얹었다. 딱새우를 까야 하는 것이 번거롭지만 그 수고가 아깝지 않을 정도로 맛있다. 먹다 보면 어느새 콧등에 땀이 송골송골 맺힌다.

제주 성게와 돌문어를 올린 성게문어덮밥도 추천한다. 옆집의 해녀가 직접 잡아온 성게만을 사용해 싱싱한 바다의 맛을 제대로 경험할 수 있다. ▲

와랑와랑

감귤밭 사이에 자리한
운치 있는 카페

add. 서귀포시 남원읍 위미리 875-1 : tel. 070-4656-1761
open. 11:00~18:00, 월요일 휴무
menu. 커피 4,000~4,500원, 찰떡구이 4,000원, 초코브라우니 3,500원
tip. 올레 5코스 위미동백군락에서 걸어서 1분 거리에 위치한다.

아기자기한 실내 분위기와 더불어 창밖으로는 한적한 시골길 풍경이 이어져 여성 여행자들에게 특히 인기가 많다.

서귀포시 남원읍 올레 5코스가 지나는 작은 마을 위미. 동백꽃이 가득 피는 돌담을 따라가다 보면 지붕 위를 걷는 고양이 장식이 있는 예쁜 카페 '와랑와랑'이 있다.

실내로 들어서면 예쁜 슈나우저가 사람을 반긴다. 창가로는 1인용 좌석의 바가 이어지고, 실내에는 단단하고 묵직하게 만들어진 테이블과 의자가 있다. 자세히 보면 가구 하나하나가 범상치 않다. 아니나 다를까. 테이블, 의자, 창틀까지 이곳 사장님이 손수 만든 것이다. 카페 옆에는 사장님의 작업장도 있다.

커피는 직접 로스팅한 원두를 사용한 핸드드립과 라테 등이 있다. 차는 유기농 열귤차와 제주 레몬차 등으로 주인장이 직접 재배한 것이다. 브라우니와 찰떡구이도 맛있어 올레꾼들이 들러 요기 삼아 먹기도 한다. 돌담과 마당이 특히 예쁘며, 집 주위는 온통 감귤밭이다. 주변 돌담길도 운치 있어 아이들과 함께 산책 삼아 걸어볼 만하다. ▲

맛나식당

매콤달콤한 갈치조림의 지존

add. 서귀포시 성산읍 고성리 316 : tel. 064-782-4771 : open. 08:30 ~ 13:00
menu. 갈치조림 1만원, 고등어조림 9,000원
tip. 현금 결제 요망, 점심 전에 마감되기도 하니 서두르자.

젓가락으로 살을 집으면 하얀 살이 큼지막하게 달려 올라온다. 양념도 잘 배어 있다.

'맛나식당'은 제주 성산포 아래에 자리한 식당이다. 오전 8시 30분에 문을 연다. 하지만 아침으로 갈치조림을 먹으려면 8시에는 가서 미리 대기표를 받아야 한다. 10시 넘어서 가면 1시간 정도는 줄을 설 각오를 해야 한다.

그나마 갈치조림을 맛볼 수 있다면 행운이다. 그날 준비한 재료가 다 떨어지면 문을 닫는다. 12시 30분에 문을 닫을 때도 있고, 오후 2시에 문을 닫는 날도 있다. 8시에 가서 대기표를 받은 다음 동네 한 바퀴 산책을 하고 와서 먹는 것이 가장 좋은 방법이다.

식당은 테이블이 일곱 개 정도밖에 되지 않을 정도로 넓지 않다. 대기자가 많은 것은 아마도 이 때문인 듯하다. '손님을 받기 위해 서두르지 않습니다'라고 걸린 문구에 왠지 믿음이 간다. 주방은 개방되어 있어서 조리하는 광경이 다 보인다.

주문을 하고 앉으면 밑반찬이 나온다. 직원이 혹시 안 먹는 반찬이 있으면 미리 이야기를 해달라고 한다. 15분 정도 기다리면 조림이 나오는데 두툼한 갈치와 무가 접시 가득 담겨 있다. 붉은 양념은 보기에도 먹음직스럽다. 코를 가까이 대면 매콤하면서도 진한 향이 후각을 자극한다. ▲

섭지해녀의집

게맛이 고스란히 담겨 있는 갱이죽 한 그릇

add. 서귀포시 성산읍 고성리 127-1 : tel. 064-782-0672
open. 07:00~20:00
menu. 갱이죽 8,000원, 전복죽 1만원, 각종 해산물 2만~3만원, 모듬해산물 3만원
tip. 내부가 넓어 아이들과 함께 찾기에도 좋다.

섭지해녀의집은 아쿠아플라넷 제주 바로 앞에 위치해 있다.

섭지코지 근처에 자리한 '섭지해녀의집'은 겡이죽으로 유명하다. '겡이'는 제주 사투리로 '돌게'라는 뜻으로 '깅이죽' 또는 '갱이죽'으로도 불린다. 작은 돌게를 통째로 곱게 갈아서 밥을 넣고 끓이면 키토산과 칼슘이 풍부해 관절이 좋지 않은 해녀들이 예로부터 보양식으로 많이 먹었다고 한다. 겡이살이 오르는 5~6월은 특히 맛있다.

주문하고 15분 정도가 지나면 하얀 대접에 푸짐하게 담긴 겡이죽이 나온다. 한 숟갈 떠먹는 순간 입 안에 구수한 게향이 가득 번진다. 다른 죽에서는 맛볼 수 없는 독특한 풍미로 고소한 잔향이 입 속에 꽤 오래 감돈다. 요즘엔 겡이죽을 맛볼 수 있는 곳이 많지 않아 독특한 제주만의 음식을 맛보고 싶다면 섭지코지에 들렀다가 꼭 한번 맛보길 추천한다. 어촌계 직영 식당이라 다른 음식도 신선하고, 가격도 저렴하다.

이 집은 음식 맛만큼이나 전망이 좋다. 식당에 나 있는 커다란 창문에 앉으면 성산일출봉이 훤히 보인다. 탁 트인 성산일출봉을 바라보며 맛보는 겡이죽은 제주 여행에 또 다른 즐거움을 준다. ▲

남양수산

신선한 고등어회 한 접시

add. 서귀포시 성산읍 고성리 1191-1 : tel. 064-782-6618
open. 14:00~20:30 : menu. 각종 회 4만~6만원
tip. 이른 저녁부터 붐빈다. 전화로 자리가 있는지 확인하자.

여행객들이 제주에서 꼭 한 번은 맛보고 싶어 하는 음식이 바로 고등어회다. 고등어는 성질이 급해 잡히면 금방 죽어 먹기가 쉽지 않았다. 하지만 요즘은 양식도 많이 하고 있어 수족관에서도 고등어를 볼 수 있고, 회로도 먹을 수가 있다.

고등어를 회로 뜨는 것은 여느 회와 별반 다르지 않다. 가운데 뼈를 중심으로 양쪽으로 포를 뜨고 남은 잔뼈와 지느러미를 정리한 뒤 껍질을 벗긴다. 그리고 다시 물기를 제거한 후 회를 뜨면 된다. 고등어회는 초장이나 겨자보다는 양념장과 함께 먹어야 맛있다. 제주에서는 김에 밥과 고등어회, 양념장 등을 올려 싸 먹기도 한다. '비리지 않을까?' 하는 염려는 접어도 된다. 신선도가 높은 고등어회는 전혀 비리지 않다.

성산일출봉에서 10분 정도 떨어진 고성리에 자리 잡은 '남양수산'은 현지인들이 즐겨 찾는 곳이다. 40년째 같은 자리를 지키고 있다. 원래는 포장마차였는데, 주변 사람들에게 알려지면서 지금의 모습을 갖췄다. 현지인들이 많이 찾는 메뉴는 고등어회와 곰장어 샤부샤부다. 메뉴판은 따로 없고, 먹고 싶은 회를 주인과 함께 수조에서 고르면 된다. ▲

남양수산은 뭍에서는 맛볼 수 없는 고등어회를 제대로 맛볼 수 있는 맛집이다.

청정제주마장

육회에서 곰탕까지 제대로 맛보는
말고기 한 상

add. 서귀포시 표선면 표선리 945-1 : tel. 064-787-3662
open. 10:00~22:00 : menu. A코스 3만 5,000원, B코스 2만 5,000원
tip. A코스에는 사시미와 육회가 포함되어 있다.

표선 지역은 말고기가 유명하다. 익숙하지 않은 음식이지만 이왕 제주를 찾은 김에 한 번쯤 맛보는 것도 나쁘지 않다. 말고기는 철분이 많아 붉은색이 도드라지고, 불포화지방이기 때문에 부담 없이 먹어도 된다.

'청정제주마장'은 식용마를 비육하는 주인이 직접 운영하는 식당으로 말고기 사시미, 육회, 말고기 초밥, 말 갈비찜, 말고기 스테이크, 말고기 양념구이 등 푸짐한 코스 요리를 맛볼 수 있다.

뒷다리살과 엉덩이살을 곱게 썬 육사시미는 쫄깃쫄깃한 식감을 자랑한다. 딱 먹기 좋게 간이 밴 육회는 고소하면서도 비린 맛이 없으며, 살살 녹는 맛이 아주 그만이다. 기름기가 자르르 흐르는 구이도 맛있다. 말고기를 다져 햄버거스테이크처럼 만든 말고기스테이크는 아이들이 먹기에도 부담 없다. 별미인 말고기 초밥도 좋다. ▲

식용 말을 직접 비육해 비린 맛이 없고, 살살 녹는 식감이 그야말로 으뜸이다.

73

마고

제주에서 가장 맛있는 크렘 당주

add. 제주시 표선면 표선리 40-69 해비치호텔 1층 ː tel. 064-780-8000 ː open. 08:00~22:00
menu. 케이크 2,000~7,000원, 쿠키 5,000~6,000원
tip. 케이크 종류나 수량이 많지 않아 미리 예약하는 게 좋다. 해비치 투숙객은 10% 할인.

빵과 다양한 케이크는 물론 샐러드 등의 간단한 식사 메뉴도 있다.

여성들의 디저트 사랑은 특별하다. 달콤하고, 상큼하고, 예쁜 디저트는 맛과 모양새가 시각과 미각을 사로잡기에 모자람이 없다. 제주도에 왔다면 흑돼지며 활어회, 보리빵도 좋지만 달콤한 케이크와 커피 한 잔을 앞에 두고 여행의 낭만과 여유를 즐기는 것도 필요하다. 다행히 요즘 제주도 곳곳에 괜찮은 디저트 카페와 베이커리 등이 속속 생겨 여행자들의 이런 갈증과 욕구를 해결해 주고 있다.

해비치호텔과 리조트를 연결하는 중간 로비에 자리 잡고 있는 베이커리 '마고(MARGAUX)'는 제주 여행자들의 열렬한 지지와 사랑을 받고 있는 곳이다. 아무래도 호텔 내에 자리한 베이커리다 보니 일반 베이커리보다는 매장이 좁다. 테이블이 제한적이다 보니 포장해 가는 경우가 많지만, 마고 때문에 일부러 표선을 들르는 여행자들도 꽤 있다.

명성에 비해 매장이 그다지 크지는 않다. 문을 열고 들어서면 양옆으로 쇼케이스가 놓여 있다. 쇼케이스 안에는 눈을 번쩍 뜨이게 하는 맛있는 디저트들이 가득하다. 한쪽은 쿠키와 케이크가 있고 다른 한쪽에는 다양한 빵이 진열되어 있다. 도쿄제과 출신

프랑스식 풀빵인 '까눌레'는 겉은 바삭하고 속은 촉촉하다. 「헨젤과 그레텔」의 과자집이 연상되는 '헥센하우스'와 마카롱 등도 있다.

의 정홍연 셰프가 운영하는 '오뗄두스'에서 온다는 마카롱도 보인다.

바싹 구워진 스콘과 윤기가 흐르는 크루아상은 보기만 해도 따뜻한 커피가 절로 생각나게 만든다. 시중의 베이커리에서 파는 것과는 비주얼이 다른 파운드케이크와 산딸기 잼, 홍차 잼, 키위 잼, 망고 잼 등 다양한 잼류도 놓여 있다. 종류가 많은 건 아니지만 하나같이 예쁘고 맛있게 생겼다. 시식용 빵과 잼도 있어 입맛에 맞는 잼을 고를 수 있다.

이들 쿠키와 케이크, 빵 중에서도 마고의 베스트셀러는 '천사의 크림'이라 불리는 달콤한 크렘 당주다. 우윳빛 마스카르포네 크림치즈 안에 새콤한 라즈베리 퓌레가 들어 있어 입술에 닿으면 사르르 녹는다. 깔끔한 뒷맛도 좋다.

많이 달지 않은 디저트를 좋아한다면 홍차 시폰케이크도 추천한다. 입 안 가득 퍼지는 진한 홍차 향이 일품이다. 얼그레이 찻잎도 들어 있어 입 안에 홍차의 잔향이 오래 남는다.

겉은 바삭하고 속은 촉촉한 까늘레, 다크 카카오가 풍성하게 들어간 퐁당 쇼콜라도 맛있다. 해비치호텔 안에 있어 테이블에 앉아 편안하게 먹기가 어렵다는 게 단점이라면 단점이다. ▲

마고는 수준 높은 프랑스식 베이커리와 디저트를 맛볼 수 있는 곳이다. 아름다운 표선해변을 구경하고 달콤한 휴식을 즐겨 보자.

춘자멸치국수

3,000원의 소박한 행복 한 그릇

add. 서귀포시 표선면 표선리 598-3 : tel. 064-787-3124
open. 08:00~18:00
menu. 멸치국수 보통 3,000원, 곱빼기 4,000원
tip. 카드 결제 불가능. 도로변에 30분까지 주차 가능하다.

표선 읍내에 자리한 멸치국수 집이다. 주인아주머니의 이름이 '춘자'라서 예전에는 '춘자싸롱'으로 불렸다고 한다. 몇 해 전까지만 해도 간판도 없이 국수를 팔았는데 지금은 가게 밖에 '춘자 멸치국수'라고도 붙여 놓았다. 소설가 성석제의 산문『소풍』에 실린 "제주도에서 춘자싸롱 국시말고는 국시로 안 본다."는 구절을 통해 조금씩 알려지다 최근에는 방송에 소개되면서 더 유명해졌다. 실내에는 테이블 두 개가 있고, 꽃무늬 벽지가 마치 '싸롱'에 온 듯한 분위기를 낸다.

메뉴는 멸치국수 한 가지다. 국수를 시키면 깍두기와 함께 양은 냄비에 소복하게 담긴 멸치국수가 나온다. 나오는 데 얼마 걸리지도 않는다. 고춧가루와 송송 썬 파가 듬뿍 올라가 있다. 고춧가루를 풀기 전 먼저 육수를 한 모금 맛본다. 멸치 육수가 진하다. 기분까지 개운해지는 느낌이다.

면은 제주도에서는 으레 그러하듯이 중면을 사용해 쫀득하면서도 달짝지근한 맛이 난다. 해장을 위해 아침 일찍 찾는 사람들도 많다. 여름에는 콩국수도 판다. ▲

묵직하고 진한 고기국수가 질린다면 깔끔하고 시원한 멸치국수를 맛보자.

75

표선어촌횟집

속을 풀어 주는 옥돔지리

add. 서귀포시 표선면 표선리 40-54 : tel. 064-787-0175 : open. 09:00~21:00
menu. 옥돔지리 1만 2,000원, 각종 조림 2만 5,000~4만 5,000원, 활어회 시가
tip. 한치물회도 유명한데, 제철이 아니면 냉동을 사용한다.

해비치리조트 근처 표선항에는 매운탕을 하는 식당이 여럿 몰려 있다. 이들 대부분은 그날 들어온 생선으로 매운탕과 지리탕을 만든다. 그만큼 선도가 좋고 맛이 있다. 매운탕 맛에 있어서 가장 중요한 것은 양념이 아니라 바로 재료의 선도다. 포구 바로 앞에 자리한 '표선어촌횟집'은 표선 주민들이 많이 찾는 곳으로 근처 해비치호텔에 묵는 여행객들도 알음알음 찾아오는 곳이다.

추천 메뉴는 옥돔지리. 표선항으로 들어온 생물 옥돔으로 지리탕을 끓인다. 국물이 정말 깔끔하고 시원하다. 옥돔과 채 썬 무를 넣어 국물을 우려내고, 청양고추를 썰어 넣는 것이 전부다. 먹기 전 취향에 따라 후추를 뿌려 먹어도 좋다. 달콤하면서도 부드러운 살을 발라 숟가락 위에 얹어 국물과 함께 떠먹다 보면 제주도에서 왜 옥돔을 최고로 치는지 고개가 끄덕여진다. 자리돔젓갈이며 물미역, 양배추쌈 등의 정갈한 밑반찬에도 자꾸만 젓가락이 간다. ▲

얼큰하면서도 시원한 맛이 일품이라 해장용으로도 좋다.

시간더하기

천연 효모로 만든
우리밀 빵

add. 서귀포시 표선면 가시리 3149-33 : tel. 064-787-9984 : open. 09:00~17:00, 화요일 휴무
menu. 빵 2,800~6,000원, 화덕피자 1만 6,000원, 주스 4,500원, 커피 및 각종 차 4,500~5,500원.
tip. 조랑말체험공원 내에 위치한다.

가시리에 자리한 조랑말체험장은 조랑말에 관한 여러 자료의 전시는 물론 조랑말을 직접 타볼 수 있는 곳이다. 아이들과 함께 가면 즐거운 한때를 보낼 수 있는 곳이다. 체험관에서 즐거운 시간을 보냈다면 바로 앞에 자리한 베이커리 카페 '시간더하기'에도 들러 보자.

이곳은 화학첨가제 없이 만드는 우리밀 천연 효모빵을 판매한다. 빵 종류는 그다지 많지 않지만 초코고래빵, 무설탕포도빵, 무설탕 크랜베리빵, 포도초코빵 등은 먹어도 먹어도 질리지 않는다. 특히 초코고래빵은 고래 모양을 한 빵이 너무 귀엽고 재미있어 아이들이 좋아한다.

제주밀로 만든 화덕피자도 맛있다. 약간 거친 듯하지만 씹으면 씹을수록 고소한 맛이 우러나온다. 제주산 키위, 감귤로 만든 주스와 함께 먹으면 좋다. 감귤당근 잼, 키위감귤 잼, 제주키위 잼 등 직접 만든 잼도 맛있다. ▲

빵 종류는 많지 않지만 편안하게 휴식을 취하며 배를 채우기에는 부족함이 없다.

광동식당

무한 리필
돼지고기 두루치기의 매력

add. 서귀포시 표선면 세화리 1152-4 : tel. 064-787-2843
open. 11:00~20:00, 수요일 휴무
menu. 두루치기 7,000원, 생모듬구이 7,000원, 순대 1만원
tip. 일찍 닫는 날이 있으니 전화 문의는 필수다.

도로변에 덩그러니 서 있는 '광동식당'은 허름하고 평범한 동네 식당처럼 보이지만 20년 이상의 내공을 지닌 곳이다. 둥근 테이블이 예닐곱 개 정도 놓여 있는데 주로 감귤밭을 하는 주민들과 택시 기사들이 즐겨 찾는 식당이다.

두루치기를 주문하면 갓김치, 쌈장, 멜젓 등 기본 반찬이 먼저 깔린다. 파채와 살짝 데쳐 낸 콩나물, 무생채가 수북하게 담긴 양푼도 함께 나온다. 철판에 불이 켜지면 주인아주머니가 흑돼지 전지살과 후지살을 양념에 버무린 커다란 양푼을 갖다 주는데 먹고 싶은 만큼 담으면 된다. 살코기를 좋아하면 살코기만 담을 수도 있다.

고기가 익어갈 때쯤, 파채와 채소 무침을 붓고 함께 볶으면 광동식당식 돼지고기 두루치기가 완성된다. 다 익은 돼지고기에 멸치젓을 살짝 올려 배추에 쌈을 싸 먹으면 된다. 그다지 달지 않고, 간도 적당해 담백하다. 배추와 들깨가 들어간 된장국도 맛있다. ▲

도로변에 덩그러니 자리한 광동식당의 메뉴는 두루치기, 생모둠구이, 순대뿐이다.

명문사거리식당

맛있는 흑돼지 두루치기 한판

add. 서귀포시 표선면 가시리 1893-1 : tel. 064-787-1121 : open. 08:00~20:00
menu. 두루치기 · 순댓국 6,000원, 삼겹살 · 갈빗살 1만원
tip. 공깃밥은 별도 주문.

가시리는 한라산 동남쪽 능선에 자리한 조용한 마을로 드넓은 초원과 올록볼록 솟은 오름들이 어울려 정겨운 풍경을 빚어낸다. 조선시대에는 최고 등급을 일컫는 '갑마(甲馬)'를 길러 내던 국영목장이 있던 곳으로, 옛 목축 문화의 흔적을 돌아볼 수 있는 '갑마장길'과 조랑말체험공원이 있어 최근 많은 여행객들이 찾고 있다.

'명문사거리식당'은 인근 도축장에서 일주일에 한 번씩 흑돼지를 직접 구입한다. 돼지 한 마리를 통째로 사용해 순대와 몸국, 제주도식 족발, 흑돼지 삼겹살, 목살구이 등 제주식 돼지고기 요리를 만든다.

명문사거리식당에서 가장 인기 있는 음식은 두루치기다. 돼지고기 앞다리 살을 굵게 썬 후 콩나물과 파채를 듬뿍 넣고, 매운 양념을 더해 볶는다. 기름기가 약간 많아 볶다 보면 특유의 쫄깃한 식감이 살아난다. 직접 만든 순대도 맛있다. 정통 제주식으로 내는 몸국은 처음에는 거부감이 들 수도 있으니 주의하자. ▲

명문사거리식당은 성읍민속마을과 표선해수욕장 근처에 위치한다.

나목도식당

운이 좋아야 맛볼 수 있는 돼지 갈빗살

add. 서귀포시 표선면 가시리 1877-6 : tel. 064-787-1202
open. 09:00~20:00
menu. 삼겹살 9,000원, 생고기 6,000원, 갈비 1만원(2인분 이상), 양념구이 5,000원
tip. 성수기에는 이른 시간부터 여행객들로 북적인다.

가시리의 조용한 마을에 자리한 고깃집으로 '가시리 맛집'으로 유명하다. 외관에서부터 아주 오래된 집이라는 사실을 알 수 있듯 2대째 영업하고 있는 곳이다. 실내 역시 영락없는 동네 고깃집 분위기다. 현지인들이 주로 찾는 곳이었지만 지금은 꽤 알려져서 여행객들도 많이 찾는다.

이 집의 가장 큰 장점은 저렴한 가격이다. 얼리지 않은 두툼하고 신선한 생고기가 1인분에 고작 6,000원이다. 각종 야채와 밑반찬도 푸짐하다. 삼겹살은 냉동이다. 주문을 하면 커다란 고깃덩이를 기계톱으로 바로 썰어 준다.

이 집은 원래 갈비로 유명한 집이다. 우리가 보통 먹는 양념한 갈비가 아니라 돼지 갈빗살을 말한다. 갈빗살이 들어오는 날만 들어오는 데다, 양이 한정되어 있어서 금세 동이 나기 때문에 운이 좋아야 맛볼 수 있다. 가기 전, 미리 전화로 물어보는 것이 좋다.

순대와 선지, 내장이 푸짐하게 들어간 순대국수도 맛있다. 돼지고기 냄새가 조금 강하지만 한 번쯤 도전해 볼 만하다. ▲

제주 도민들이 추천하는 맛집이다.

여행작가가
추천하는 바로 그곳
동남부

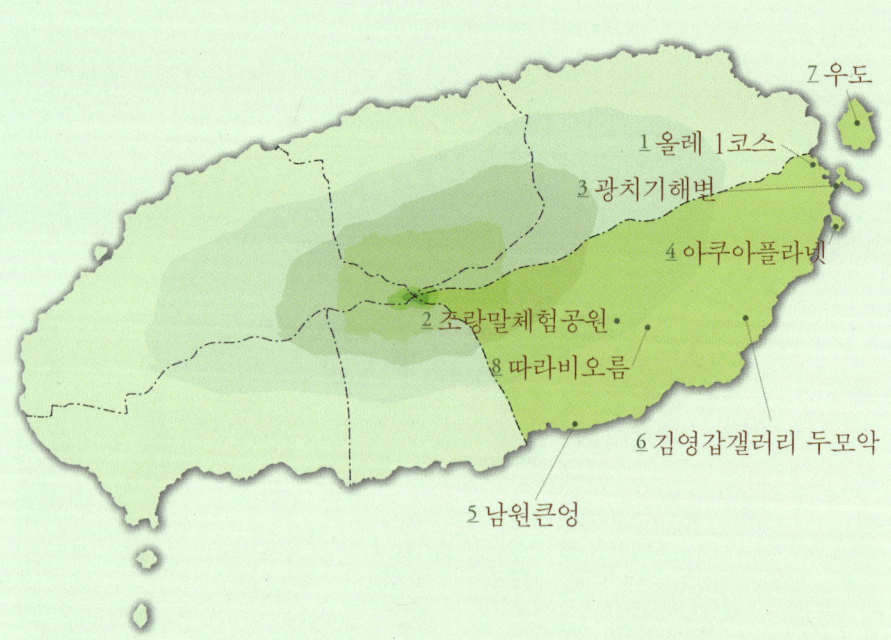

7 우도
1 올레 1코스
3 광치기해변
4 아쿠아플라넷
2 초랑말체험공원
8 따라비오름
6 김영갑갤러리 두모악
5 남원큰엉

가장 처음 경험하는 올레
1 올레 1코스

　제주의 바다와 오름을 함께 즐기고 싶다면 '올레 제1코스' 트레킹을 권한다. 1코스라는 이름이 붙은 데서 알 수 있듯, 제주의 올레길 중에 가장 먼저 만들어진 코스다. 성산 시흥초등학교 인근에서 시작하여 말미오름과 알오름을 지나 우도와 성산일출봉이 시원스레 보이는 종달리해안을 거쳐 제주의 랜드마크인 일출봉 앞을 지나 광치기해안까지 이어진다. 길이는 15.6km로 둘러보는 데 5~6시간 걸린다. 오전 9시경 출발한다면 천천히 걸으며 사진도 찍고 휴식을 취하고 해도 오후 2~3시면 충분히 마칠 수 있다. 평탄한 길이 이어지기 때문에 그다지 힘들지 않다. 가장 멋진 전망을 보여 주는 곳은 초반의 말미오름. 오름 정상에 서면 성산포와 제주 동북부 바다가 한눈에 바라다보인다. 환경부가 특정 야생물로 지정한 개상사화, 왕초피, 참억새, 야고 등도 서식하고 있다. 맛집으로는 시흥해녀의집 조개죽이 유명하디. 향긋하면서도 부드러운 향이 일품이다.

add. 서귀포시 성산읍 오조리
tel. 064-762-2190

조랑말과의 데이트
2 조랑말체험공원

가장 아름다운 일출
3 광치기해변

　가벼운 마음으로 찾았다가 의외로 볼 것이 많고 즐길 거리가 많아 마음이 흡족해지는 곳. 조랑말박물관과 승마장을 비롯해 게스트하우스, 캠핑장 등을 갖추고 있다. 제주의 목축 문화를 일목요연하게 설명하는 다양한 전시물들이 알차게 구성되어 있다. 승마체험과 말똥과자 만들기는 아이들이 너무 좋아한다.

add. 서귀포시 표선면 가시리 산 41
tel. 064-787-0960
open. 10:00~18:00
fee. 성인 2,000원, 청소년·어린이 1,500원
　　승마체험료 7,000~3만 5,000원

　성산일출봉은 이름에서 알 수 있듯 한국 최고의 일출 명소 가운데 한 곳. 하지만 성산일출봉의 일출을 가장 잘 볼 수 있는 곳은 사실 광치기해변이다. 광치기해변은 성산일출봉과 성산읍을 잇는 모래사장이다. 아침이면 제주 바다에서 불쑥 떠오르는 해가 성산일출봉을 황금빛으로 물들인다. 광치기해안 주변에 횟집이 몇 곳 있는데 일출을 보고 싶다면 이곳 주변의 주차장에 차를 세우고 해가 뜰 때까지 차 안에서 기다리는 것도 좋은 방법이다.

add. 서귀포시 성산읍 오조리

아이들과 꼭 가볼 만한
4 아쿠아플라넷

절벽을 따라 이어진
5 남원큰엉

아시아 최대 규모의 아쿠아리움이다. 메인 수조 용량만 1만 800t에 달한다. 매가오리, 너스샤크, 가래상어 등 50여 종 5,000여 마리의 물고기를 만나 볼 수 있다. 수백 마리의 큰입고등어가 만들어 내는 피시볼 사이를 지날 땐 감동적인 기분까지 든다. 아이와 함께라면 꼭 한 번쯤 들러볼 만한 여행지로 각광받고 있다.

add. 서귀포시 성산읍 고성리 127-1
tel. 064-780-0900
open. 10:00~19:00
fee. 성인 3만 9,200원, 청소년 3만 7,500원
　　어린이 3만 5,600원

탁 트인 바다와 넘실거리는 파도, 끝없이 이어지는 수평선을 바라보며 낭만 가득한 해안 산책을 즐길 수 있는 곳이다. 높이 20m를 오르내리는 해안가 절벽을 따라 2km에 이르는 산책로가 이어져 있다. 올레길이 만들어지기 전부터 큰엉산책로는 빼어난 경관으로 제주 사람들 사이에서 이름이 높았다. '엉'은 제주 사투리로 언덕을 뜻하는데, 남원큰엉은 큰 바위가 바다를 집어삼킬 듯이 입을 크게 벌리고 있는 언덕이라고 해서 붙여진 이름이다.

add. 서귀포시 남원읍 남원리
tel. 064-760-4151

사진이 들려주는 목소리
6 김영갑갤러리 두모악

　제주의 또 다른 모습을 보고 싶다면 김영갑갤러리 두모악을 추천한다. 사진작가 김영갑은 제주를 사랑했던 수많은 예술가 중 하나로 제주의 아름다운 자연에 매료되어 아예 이곳에 정착해 섬 곳곳을 카메라에 담았다. 밥 먹을 돈을 아껴 필름을 사고, 고구마와 당근으로 허기를 달래며 예술혼을 불태웠지만 안타깝게 루게릭병으로 세상을 떠났다. 원래는 폐교였지만 고인이 손수 가꾼 특별하고 애틋한 공간이다. 전시관에는 제주의 중산간산과 오름, 들판의 모습은 물론 지금은 보기 힘든 해녀들의 모습, 옛 제주의 모습을 사진으로 전시하고 있다. 용눈이오름과 제주의 바다 등 작품 하나하나가 나지막한 목소리로 제주의 아름다움을 들려주는 것만 같다. 유품실 유리창 너머로 작가가 사용하던 카메라와 유품 등을 볼 수 있다. 입장료를 내면 작품사진 인쇄물을 받을 수 있고, 고인의 사진집, 수필집, 포스터 등을 구입할 수도 있다.

add. 서귀포시 성산읍 삼달리 437-5
tel. 064-784-9907
open. 09:30~18:00
fee. 성인 3,000원, 청소년 2,000원
　　 어린이 1,000원

제주 속의 제주
7 우도

성산항에서 뱃길로 15분 거리에는 우도가 있다. '제주 속의 제주'로 불리는 작은 섬. 길이 3.8km, 둘레는 17km나 된다. 우도란 섬 모양이 '소를 닮았다' 해서 붙은 이름이다. 우도봉에서는 건너편 성산일출봉이 빤히 보인다. 검멀레해변과 홍조단괴해변 등 볼거리가 많다. 또 다른 우도의 명물은 돌담이다. 어디서 시작돼서 어디로 끝나는지 모르는 돌담. 돌담밭은 산기슭과 해안으로 물결치듯 휘어진다. 새마을운동이 한창일 때도 돌담을 없애지 못했다고 한다.

| add. 제주시 우도면
| tel. 064-728-4333

오름이 빚어낸 스카이라인
8 따라비오름

높이는 342m, 실제 오르는 높이는 100m로 한 바퀴 돌고 내려오는 데 2시간이면 넉넉하다. '따라비'란 이름은 오름 동쪽에 모지(어머니)오름, 장자(큰아들)오름, 새끼오름 등이 서로 따르는 모양이라 붙여진 것이다. 나무 계단을 따라 20여 분 오르면 멀리 태흥리와 남원리 바다가 아스라하다. 굼부리(분화구) 능선을 오르자 전망이 드러나기 시작한다. 구좌읍 송당 일대의 높은오름, 백약이오름, 동검은오름, 좌보미오름 등이 어울려 빚어내는 스카이라인도 아기자기하다.

| add. 서귀포시 표선면 가시리 산62

photo essay

여행하고 여행할 것

여행을 떠나와 바다 앞에 서면
내 삶이 뭔가 착실하고 순조롭게
앞으로 나아가고 있다는 생각이 든다.
인생이 그다지 나쁜 것만은 아니라는 느낌.
내가 더 순해지고
올바른 인간이 되어가고 있다는 생각도 든다.
서두르지 말 것.
스스로에게 솔직해질 것.
비난하지 말 것.
그리고 가장 중요한 것 하나.
우리 인생이 뭔가 비뚤어지고 있다고 느낄 땐
여행하고 또 여행할 것.

제주 여행을 위한
알짜배기 Tip 7

여행의 콘셉트를 정하자!

제주는 볼거리, 먹을거리, 체험거리가 넘쳐나는 곳이다. 하지만 이것저것 다 하기에 시간은 짧다. 고민만 하지 말고 이번 여행에서 가장 하고 싶은 것을 우선 선택하자.

① 주요 명소 둘러보기
제주도가 처음인 여행자들에게 추천한다. 주요 명소와 맛집만 찾아다니기에도 제주는 넓다.

② 아이들과 함께하는 가족 여행
아이들이 뛰어놀 수 있고, 체험거리가 다양한 곳이 좋다. 제주도 밀을 사용한 빵, 제주 쑥을 사용한 쑥빵 등을 간식거리로 미리 준비하는 것도 좋다.

③ 알콩달콩 커플 여행
이곳저곳 돌아다니기 보다는 아기자기한 볼거리가 많은 명소를 찾아보자. 전망 좋은 카페에서 맛보는 디저트와 커피는 필수다.

④ 나홀로 떠나는 여행
제주도는 혼자라도 외롭지 않다. 게스트하우스에서 머물며 여행자들을 만나 보자. 자전거나 스쿠터, 버스를 이용하는 것도 좋다.

⑤ 직장인에겐 무조건 휴식
제주 시내보다는 해안 근처의 조용한 호텔이나 풀빌라를 이용해 보자. 캠핑을 좋아한다면 카라반 체험이나 글램핑도 추천한다.

⑥ 여행의 완성은 맛집
제주의 신선한 식재료를 가지고 정성스레 음식을 만드는 맛집이 많다. 늘 먹던 음식도 좋지만 현지인들이 좋아하는 맛집에서 '제주의 참맛'을 느끼는 것도 좋다.

⑦ 한라산 등반, 올레길 걷기
한라산 등반과 올레길 걷기는 여행자 구성원에 따라 코스를 선택, 난이도를 조정할 수 있다. 제주의 아름다운 자연을 느껴 보자.

알찬 일정 세우기!

여행의 시작은 일정에서 시작되고 비로소 완성된다. 여행의 콘셉트를 정했다면 주어진 시간에 따라 일정을 세워 보자. 완벽한 제주 여행을 만드는 법은 어렵지 않다.

① 주중 출발이 좋다
대부분 금요일 혹은 주말에 떠나는 경우가 많다. 하지만 주중에 출발한다면 조금 더 조용하고 느긋한 여행을 즐길 수 있다.

② 예약은 미리미리!
성수기에 떠나는 일정이라면 최소 한 달 전에는 항공권과 숙소, 렌터카를 예약하는 것이 좋다. 갑자기 여행을 떠나게 된다면 '땡처리 항공권'이나 숙소 특별 할인 이벤트 등을 이용하는 것도 좋다.

③ 짐은 간단하게
제주는 **렌**디기를 이용하고, **숙소**는 한 군데에서 머무는 경우가 대부분이다. 필요한 것은 편의점 등에서도 구입할 수 있으니 몸과 마음은 가볍게 떠나자.

④ 제주도 지도는 필수
제주는 해안과 내륙도로가 잘 정리되어 있어 어디든 2시간 이내면 도착할 수 있다. 지도에 동선을 체크하면서 다니는 것이 좋다.

⑤ 메인 콘셉트는 일정 중간에
2박3일 일정이라면 둘째 날, 3박4일에는 둘째 날과 셋째 날에 메인 여행 일정을 소화하도록 하자. 날씨가 좋지 않을 경우 둘러볼 만한 여행지 2~3곳 정도를 미리 생각해 두는 것이 좋다.

⑥ 마지막 날은 느긋하게
여행의 첫날과 마지막 날은 숙소나 공항 근처를 둘러보거나 못다 한 쇼핑, 드라이브를 하는 정도가 좋다.

⑦ 면세점을 이용하자
제주공항 면세점을 이용힐 경우 시간직 어유를 두고 공항에 도착하자. 면세품 외에 지역특산품이나 기념품은 제주공항이 조금 더 비싸다.

INDEX

*가나다순

맛집

가람돌솥밥	162
골막식당	46
골목식당	42
공새미59	222
공천포식당	218
관촌밀면	164
광동식당	246
교래손칼국수	204
국수와의 미팅	168
그곳	104
나목도식당	250
남양수산	232
네거리식당	166
늘봄흑돼지	16
널모리동동	40
닻	86
대도식당	172
덕성원	162
덕승식당	128
데미안	108
도치돌가든	84
돌하르방식당	52
동귀어촌계횟집	76
동복리해녀촌	202
르 씨엘 비	72
르 에스까르고	20
마고	236
마마롱	158
맛나식당	228
메종 드 쁘띠 푸르	28
면 뽑는 선생 만두 빚는 아내	102
명문사거리식당	248
모살물	32
무뚱식도락	220
미엘 드 세화	200
백선횟집	24
보엠	18
부두식당	124
블리케이크	30
비오토피아 레스토랑	136
사형제횟집	94
산골숯불왕소금구이	132
산방산초가집	130
산방식당	126
삼대국수회관	50
섭지해녀의집	230
수우동	88
숙이네보리빵	78
순풍해장국	206
스시 호시카이	36
스테이위드커피	142
슬기식당	14
시간더하기	244
아루요	68
앤트러사이트	90
오는정김밥	170
오늘은 회	178
옥돔식당	122
와랑와랑	226
용왕난드르 향토음식	140
우진해장국	26
월정리LOWA	188
이스트엔드	196
자연몸국	44
장춘식당	56

정성듬뿍제주국	22
제주 슬로비	80
좀녀네집	198
청정제주마장	234
최마담네 빵다방	100
춘자멸치국수	240
테라로사	174
톰톰카레	192
파도식당	54
표선어촌횟집	242
하우스레서피 당근케이크	96
하효통닭	176
한림바다체험마을	100
혁이네수산	154

명소

가파도	147
광치기해변	254
교래자연휴양림	211
국립제주박물관	60
군산오름	147
금악오름	115
김녕-월정지질트레일	210
김영갑갤러리 두모악	256
남원큰엉	255
노루생태관찰원	63
다랑쉬오름	211
돈내코	183
동문재래시장	61
따라비오름	257
마라도	148
방주교회	145
본태박물관	145
비자림	210

사려니숲길	209
산굼부리	212
삼양검은모래해변	63
서귀포 매일올레시장	182
쇠소깍	182
아라리오뮤지엄	61
아쿠아플라넷	255
에코랜드	213
올레1코스	253
올레7코스	183
용눈이오름	212
우도	257
이니스프리 제주하우스	148
이시돌목장 테쉬폰	116
이중섭거리	181
이호테우해변	59
저지오름	116
절물자연휴양림	62
제주도립미술관	60
제주승마공원	117
제주현대미술관	114
조랑말체험공원	254
중문 주상절리	151
지미오름	213
추사 유배지	149
하가리 더럭분교	117
하귀-애월해안도로	115
한담해안산책로	113
화순곶자왈	146
환상숲	114
형제섬과 송악산	146

"여행은 먹는 게 반이다.
잘 먹고 잘 노는 것이 진짜 여행이다."